DE LA MAXIME :

DONNER ET RETENIR NE VAUT,

SON ORIGINE, SON HISTOIRE. — QUELLE INFLUENCE A-T-ELLE
EXERCÉE SUR LE CODE NAPOLÉON.

Des effets juridiques des PACTES dans la Législation
Romaine.

DISSERTATION

POUR

LE DOCTORAT

Présentée à la Faculté de Droit de Toulouse,

Par M. Justin BAUBY, avocat.

TOULOUSE,
IMPRIMERIE BAYRET ET COMP*,
RUE PEYRAS, 12.

1853.

28814

A MON PÈRE, A MA MÈRE,

A MES SŒURS, A MON FRÈRE,

A TOUS MES AMIS.

DONNER ET RETENIR NE VAUT,

Son Origine, son Histoire. — Quelle Influence a-t-elle exercée sur le Code Napoléon.

CHAPITRE Ier.

ORIGINE DE LA MAXIME : DONNER ET RETENIR NE VAUT. — SON HISTOIRE.

En matière de donation, la première disposition de presque toutes nos anciennes coutumes est celle-ci : *Donner et retenir ne vaut.* — Dans le langage ordinaire, cette locution n'exprime point autre chose qu'une vérité incontestable, un principe de droit naturel. Elle veut dire que lorsqu'on fait un acte juridique, cet acte doit être sérieux; que lorsqu'on se dépouille en faveur d'autrui, lorsqu'on crée pour lui un droit, il ne faut pas que ce droit puisse disparaître au gré du caprice du donateur.

En se renfermant dans ces limites et tout en demeurant dans le Droit commun, il faudrait reconnaître, comme dans le dernier état du Droit romain, que le seul consentement serait assez puissant pour créer soit une donation, soit une promesse de donner obligatoire, car il ferait naître pour le donataire un droit certain et en même temps une action, alors même que la tradition serait nécessaire pour la translation de la propriété. De même, par l'effet de la convention, le droit du donataire pourrait être créé plus ou moins étendu, actuel ou à terme, pur et simple ou conditionnel, mais toujours certain et indépendant du caprice du donateur.

Si donc la maxime qui nous occupe avait toujours eu cette signification, nous ne devrions pas nous en préoccuper beaucoup, ni la considérer comme une règle de Droit, mais seulement comme un axiome fourni par la raison. Cependant, telle n'a pas été sa portée dans notre ancienne jurisprudence.

Les donations étaient vues de mauvais œil dans notre ancien Droit : *Tu donas*, dit Cujas, *omnia tua bona stulté et insipienter, insipidé, nec scis fortassé, quæ bona habeas* (1). D'Argentré, dans la préface de son Commentaire du titre 12 (*des Donations*) de la Coutume de Bretagne, se demande *an odiosæ donationes sint habendæ ?* Il constate, dans un style imagé, que quelquefois des causes honteuses se trouvent mêlées à la bienfaisance et à l'amour du prochain *interdùm veluti aquis limpidis lutulentum aliquid misceri contingit* (2), et il conclut de la manière suivante : *In universum hoc quidem donationibus jurisconsulti minùs favendum putant, quod donare dicunt esse perdere : Quam considerationem sumunt a propensione naturæ : quia sibi quisque quàm alteri bené esse malit.....* — Cette première considération pourrait nous faire comprendre jusqu'à un certain point la portée de la règle : *donner et retenir ne vaut*, et son origine ; nous n'aurions en effet qu'à ajouter avec Eusèbe de Laurière, dans ses notes sur Loisel : « Le sens de cette règle est que ce n'est pas donner que retenir la chose donnée et *de n'en pas faire la tradition*. Ce qui a été introduit originairement en faveur des donateurs afin que, connaissant la perte qu'ils vont faire, ils soient moins faciles à se dépouiller (3). »

Si cette explication n'est point complète, si elle ne contente pas entièrement l'esprit, du moins elle nous fait faire un pas, elle nous indique que la maxime a une portée exceptionnelle ; qu'elle exige pour le donataire non seulement la création d'un droit indépendant de la volonté du donateur, mais d'un droit pur et simple ; de telle sorte même qu'il faut

(1) *Recitat. solemnes ad legem*, 72, *Dig. de cond. et demonst.*

(2) Plus bas, il ajoute : *Donavit is ut duceret repugnantem quid tum? Sed eam ducendi voluntatem pellexit hæredis odium, aut libido, aut intemperati mores, aut importuna consuetudinis muliebris assuetudo. Non vera hæc sed effigiata causa est obtentus matrimonium, res ipsa intemperantiam loquitur...... etc....., pag. 649, N. 6, 7 et S.*

(3) *Institutes Coutumières.*

nécessairement que le donateur perde les avantages que procure la chose donnée, qu'il perde en un mot la possession au moyen de la tradition devenue indispensable. Pourquoi cette exigence, pourquoi cette exception au Droit commun, cette règle nouvelle que le Droit romain ne nous présente pas ? « C'est, dit de Laurière, pour que les donateurs soient moins faciles à se dépouiller. » Mais pourquoi encore, car nous ne pouvons pas admettre que cette pensée prévoyante pour un donateur inconsidéré ait seule inspiré la législation coutumière ?

« L'esprit de notre Droit français, dit Pothier, incline à ce que les biens demeurent à la famille et passent aux héritiers (1). » C'est cet esprit de notre ancien Droit qui avait donné naissance à la maxime : *Paterna paternis, materna maternis* ; c'est ce même esprit qui avait supprimé la succession testamentaire, contrairement à la législation romaine, et mis en honneur la succession légitime, en créant pour la famille une réserve des propres dont l'étendue était plus ou moins grande selon les Coutumes. Elle était des quatre quints des propres dans la Coutume de Paris (art. 292); des deux tiers de tous les biens dans celles de Bretagne (art. 218), de la Marche (212), etc..; des trois quarts de tous les biens dans celle d'Auvergne (Ch. 12, art. 41 et 43).... Quelques Coutumes ne réservaient que les deux tiers des propres (Meaux, art. 26); d'autres enfin, appelées Coutumes de subrogation, réservaient les meubles et les acquêts eux-mêmes lorsqu'on n'avait point de propres, les subrogeant ainsi à ces derniers dans l'intérêt de la famille (la Rochelle, art. 44), etc.... — Quelle que fût d'ailleurs son étendue, cette réserve avait toujours pour but la conservation des biens dans les familles.

Cependant le but de la loi coutumière n'était pas toujours atteint. Tandis que l'on admettait ce principe que les biens devaient demeurer de préférence aux membres de la famille, et que l'on frappait de nullité les dispositions de dernière volonté par lesquelles les héritiers légitimes étaient sacrifiés à des étrangers, on n'avait pas cru pouvoir limiter entre-vifs le droit de libre disposition (*jus abutendi*) qui constitue l'un des trois éléments

(1) Des Donations entre-vifs, sect. ii, art. 2.

du droit de propriété. Qu'au moment de la mort, alorsque le droit du père de famille s'éteignait, le droit de disposer librement de ses biens eût été limité, on l'avait compris; mais si le propriétaire voulait se dépouiller en faveur d'un tiers aurait-on pu annihiler sa volonté et le forcer à plus d'égards pour ses héritiers qu'il n'en avait pour lui-même? C'est ce que les Coutumes n'avaient pu admettre : on n'avait pas cru devoir faire fléchir la rigueur des principes devant l'intérêt général. Aussi la plupart des Coutumes permettaient par libéralités entre-vifs la disposition de tous les biens propres et acquêts. Dans la Coutume de Paris, notamment, la liberté de disposer par donation était pleine et entière (art. 292), vis à vis des collatéraux; tandis que par testament, on ne pouvait disposer que des meubles et des acquêts, ainsi que de *un quint* des propres.

Après avoir précisé cette différence, on voit qu'il eut été très facile de s'écarter de l'esprit général de la législation, d'éluder la réserve des propres et de frustrer les héritiers, si les principes qui régissaient les donations ne s'étaient point écartés des règles communes. C'est même ce qui dut se produire à l'origine; ce ne fut probablement qu'après quelques faits de cette nature, dont les mœurs de l'époque furent effrayées, que l'on chercha un remède au mal et que l'on trouva ce remède dans la règle: *donner et retenir ne vaut*, interprétée dans le sens que nous avons indiqué d'après de Laurière : « Comme on ne pouvait, dit Pothier, dépouiller les particuliers du droit que chacun a naturellement de disposer de ce qui est à lui, et par conséquent de donner entre-vifs, nos lois ont jugé à propos, en conservant aux particuliers ce droit, de mettre néanmoins un frein qui leur en rendît l'exercice plus difficile. C'est pour cela qu'elles ont ordonné qu'aucun ne put valablement donner, qu'il ne se *dessaisit, dès le temps de la donation,* de la chose donnée et qu'il ne se privât pour toujours de la faculté d'en disposer, afin que l'attache naturelle qu'on a à ce qu'on possède et l'éloignement qu'on a pour le dépouillement détournât les particuliers de donner (1). »

(1) Donations entre-vifs, sect. ii, art. 2. — Voir *Comment. de la Cout. de Paris,* par Claude de Ferrières, art. 273 n° 8.

Ces simples observations doivent faire pressentir qu'il faut
se garder d'aller rechercher, soit dans le Droit romain, soit
dans le Droit gallique, soit dans le Droit germanique l'origine de notre maxime. Sans doute on pourrait tout d'abord
se méprendre et croire que le Droit romain, le Droit gallique
ou le Droit germanique ont laissé leur empreinte sur notre
législation coutumière en matière de donations, à cause de
quelques dispositions analogues que l'on peut remarquer dans
ces législations mises en présence; mais l'observation vient
dissiper ces fausses lueurs et démontrer, notamment pour ce
qui regarde le Droit romain, que les rapprochements consta-
tés sont le pur effet du hasard, car les deux législations ont
pour base des principes bien différents.— Pour éclairer cette
vérité de tout son jour, esquissons à grands traits le tableau
de ces diverses législations en matière de donation.

DROIT ROMAIN. — Jusqu'au temps de Justinien, la donation
n'était pas un mode spécial d'acquérir, c'était une aliénation
consommée selon les règles ordinaires. Il y avait donation,
lorsqu'une translation de propriété (*datio*) avait eu lieu par
libéralité (*dono*). Cette translation de propriété se faisait,
d'après les principes généraux, par la mancipation ou la *ces-
sio in jure* pour les choses *mancipi,* par la tradition pour
les choses *nec mancipi* (1). Cependant les libéralités entre-
vifs pouvaient emprunter les formes de la stipulation, rien
ne l'empêchait; mais la simple convention de donner n'était
pas obligatoire, car elle ne constituait qu'un pacte. Du reste,
dans les premiers temps, point de limites à la faculté de donner. — Ce ne fut que l'an 550 de Rome que des limites furent
apportées par un plébiscite rendu sur la proposition du tri-
bun Cincius, et connu sous le nom de *Loi Cincia.* Il s'occu-
pait des donations dans sa seconde partie et défendait celles
faites en faveur des étrangers, au delà d'une certaine quotité
que l'on n'a pu déterminer. Il présentait donc à la famille une
garantie contre des libéralités inconsidérées; mais en même
temps il avait pour but, ainsi que paraît l'avoir démontré
M. Laferrière (2), de favoriser la démocratie dans sa lutte

(1) Frag. Vatic § 313. — *Just. Inst. L* ii, *de rerum division.,* § 40.
(2) *Hist. du Droit,* t. 1. *Appendice* iii p. 169.

contre les Patriciens. — La *Loi Cincia* était, sans aucun doute, dans l'intérêt de la famille, car tout en laissant une libre carrière aux sentiments de libéralité entre parents, entre futurs époux (1), elle écartait seulement les étrangers. Toutefois, cette faveur pour les *personnes exceptées* n'était pas entière, on les sacrifiait si le donateur avait persévéré dans sa volonté jusqu'à sa mort, *nisi forte durante voluntate decessit donator* (2); d'un autre côté, on pouvait librement donner à des étrangers les biens des provinces (3) dont la valeur pouvait cependant être considérable. Il est évident, dès lors, qu'un intérêt autre que celui de la famille avait aussi préoccupé la *Loi Cincia*, et de même que son premier objet avait été de venir au secours des clients épuisés par les exigences des Patriciens, qui leur imposaient des présents dispendieux, son second objet pouvait bien être « d'empêcher les Patriciens, les citoyens » riches, de faire passer par leurs largesses intéressées, des » clients, des citoyens pauvres mais considérés, des centuries » d'une classe inférieure dans une classe supérieure où ils » pouvaient avoir une part plus efficace aux votes des comi- » ces, aux élections des magistrats, aux jugements en matière » capitale et s'unir plus étroitement aux intérêts de l'aristo- » cratie (4). » Ce qui le prouve, c'est cette liberté de donner les biens des provinces, qui n'étaient comptés pour le cens ni à l'époque de la *Loi Cincia*, ni même sous Cicéron. — Ce qui le prouve encore, c'est que si la donation à une personne *non exceptée* avait été soit stipulée, soit exécutée par manci- pation, etc., l'exception perpétuelle de la *Loi Cincia* donnait naissance à une *condictio indebiti*, que non seulement le do- nateur pouvait intenter, ainsi que les membres de sa famille, mais encore tout citoyen *etiam quivis, quasi popularis si hæc exceptio* (F. V., § 266.) Elle devenait donc une sorte d'action publique que l'intérêt public pouvait seul justifier.

Tel est le véritable caractère des prohibitions de la *Loi Cincia*, qui n'ont rien d'analogue, on le voit, à nos réserves coutumières.

(1) Frag. Vatic. § 298, 301, 302.
(2) Frag. Vatic. § 266. — *Ibid.* § 291.
(3) Frag. Vatic. § 293.
(4) Laferrière, *Histoire du Droit* t. 1, Ap. III, p. 469 et S.

Elles subsistèrent encore sous les empereurs, comme le prouve la Constitution insérée aux Vaticana, Frag., § 293,— et il en résulte qu'à cette époque, il y avait liberté absolue de disposer par donation entre vifs des biens situés dans les provinces. — Cette liberté do, ...it naissance à des abus que réprima l'empereur Alexandre Sévère, en accordant, à l'instar des testaments, la plainte d'inofficiosité (1).

En même temps, s'introduisait l'usage de constater par écrit des promesses de donation qui n'avaient rien d'obligatoire; quelquefois elles étaient transcrites sur les registres des magistrats; mais *si neque mancipatio neque traditio secuta est, solis actis dominium non transisse*, avait répondu Ulpien (2). En effet, l'empereur Alexandre Sévère avait décidé : *Professio donationis apud acta factœ, cùm neque mancipationem neque traditionem subsecutam esse dicas* DESTINATIONEM *potiùs liberalitatis, quàm effectum rei actœ continet* (3).—Cet usage cependant allait bientôt servir à mettre des entraves à la donation, dans le but d'éviter la fraude. — Constantin exigea, en effet, que les donations fussent consignées par écrit, et détermina d'une manière précise ce que cet écrit devait contenir. *In iisdem conscribendis prœcipuè nomen donatoris jus ac rem notans proscribatur* (4). Il fallait le dresser en présence de témoins *scientibus plurimis prœscribantur* (5), et après cela la tradition devait être faite *advocatâ vicinitate, omnisbusque arbitris quorum post fide uti liceat, conventu plurimorum celebretur* (6). Puis enfin, toutes ces choses devaient être rendues publiques, dans l'intérêt des tiers, par l'insertion aux actes des magistrats, *quœ omnia consignare actis judicis prœstat ut res multorum mentibus, oculis, auribus testata nullum effugiat, cujus aut scientiam capiat, aut dissi-*

_____

(1) L. 87, § 3. D. *de legat*, 2°.—Le Code de Justinien contient un titre de *inofficiosis donationibus*.

(2) Frag. Vat. § 268.

(3) Frag. Vat. § 266. b.

(4) Frag. Vat. § 249.

(5) *Ibid.*

(6) *Ibid.*

mulationem legat (6). C'est ce qu'on appela l'insinuation.

Pourquoi tout ce luxe de formalités pour une simple translation de propriété ayant pour cause une libéralité, alors surtout que le Droit des temps barbares avait été sur ce point d'une simplicité si grande? Et ce qui est plus étonnant encore! Comment se fait-il que tout ce formalisme n'ait été reconnu nécessaire que sous Constantin? Ne semble-t-il pas, au premier abord, que ces dispositions législatives sont de véritables anachronismes? Il est surprenant, en effet, qu'elles émanent d'un prince qui fit monter avec lui sur le trône la religion chrétienne, cette religion nouvelle dont les principes devaient nécessairement favoriser les donations. Aussi, il faut bien se garder de croire que ces entraves aient été apportées en haines des donations, comme nous le constaterons dans notre Droit coutumier. — Le point de vue que nous venons de signaler n'a pas été étudié jusqu'à présent : cependant il doit vivement intéresser l'historien, le jurisconsulte et le philosophe.

Ce que nous savons par la Constitution de l'empereur lui-même, c'est qu'il a voulu empêcher les fraudes nombreuses auxquelles les donations avaient donné lieu : *his enim sæpè clandestina fraus.* Comment donc ces fraudes s'étaient-elles produites plus nombreuses et plus dangereuses qu'auparavant? — Ne pourrait-on pas dire, en tenant compte des mœurs de l'époque, que lorsque la religion chrétienne devint la religion de l'empire, les principes nouveaux favorisant les donations pour causes pies ou de toute nature; plusieurs furent faites outre mesure et sans remplir les formalités nécessaires, soit pour la stipulation, soit pour la translation de la propriété? — De là nécessairement des fraudes nombreuses et des dangers incessants pour les tiers, les créanciers.... Il est, en effet, très facile de simuler une donation : il suffit de prétendre que la propriété a été transférée à titre gratuit, sans que l'on s'expose à rien si la fraude est découverte. Il en est autrement pour les contrats à titre onéreux, il existe un équivalent qu'il faut retrouver, que le vendeur ou l'acheteur devront représenter, ce qui rendra

(1) Frag. Vat. § 249.

leur fraude souvent inutile. Cette facilité de nuire aux tiers, que nous venons de signaler, était encouragée à cette époque par la faveur que méritaient les donations dans les idées nouvelles ; aussi les fraudes se multiplièrent au point que Constantin dut exiger des garanties de sincérité. — C'est ainsi que je croirais pouvoir expliquer cette innovation ; j'essayerai même de m'appuyer, pour confirmer cette explication, sur deux Constitutions insérées au Code Théodosien. L'empereur Antonin le Pieux, ainsi que le constate *la Loi 4, Code Théodosien, de Donat.*, avait dispensé les donations, entre les parents et leurs enfants, de la nécessité de la mancipation ou de la tradition, voulant que le seul consentement de donner fut entre eux obligatoire. L'esprit nouveau de la religion chrétienne dut faire que ce privilége fut étendu au delà des limites qui lui avaient été imposées. On jugea donc nécessaire de renouveler la Constitution d'Antonin le Pieux. L'an 319, les donations *inter parentes et liberos* furent de nouveau dispensées de la tradition ; mais pour qu'à l'avenir les fraudes ne fussent point renouvelées, la nécessité de la mancipation ou de la tradition fut conservée d'une manière expresse pour les personnes non privilégiées (1). Des fraudes nouvelles étaient cependant constatées l'an 323, par la célèbre Const   on qui exigea des formalités si rigoureuses ; le même esprit avait donc dicté les deux Constitutions de Constantin. Cependant tout n'était point terminé, et l'an 355, il fallait renouveler la Constitution de l'an 319 (2). L'esprit chrétien, d'un côté, résistait à ces entraves, de l'autre côté, la mauvaise foi tournait à son profit cette résistance. Les lois existaient, mais on ne les observait pas ; les termes mêmes des deux Constitutions dont nous venons de parler le prouvent. Celle de Constantin (319), nous fait connaitre que plusieurs procès étaient pendants sur le point de savoir si la tradition était nécessaire ; — celle des empereurs Constance et Constantin (355), que malgré les lois antérieures, la tradition n'était pas toujours observée, car elle dit que

(1) *Et conlata inter cæteras... personas obtinere propriam firmitatem, sivè mancipationis decursa fuerit solemnitas, vel certe res tradita doceatur.* L. 4. Cod. Théodos., *de Donationibus.*

(2) L. 7, Col. Théod. *de Donat.*

désormais *deinceps*, il faudrait juger que la donation sera nulle s'il n'y a eu ni tradition ni mancipation (1).

Ces faits, antérieurs et postérieurs à la célèbre Constitution de 323, nous paraissent pouvoir en expliquer, quoique d'une manière un peu vague, le véritable caractère.— Malgré la résistance constatée du législateur aux exigences des nouvelles doctrines, résistance qui se justifie d'ailleurs et par les fraudes de tous les jours et par cette considération : qu'il aurait fallu déroger d'une manière profonde à la législation antique et transformer la donation, qui n'était jusque-là, sauf l'exception d'Antonin le Pieux, qu'un fait accompli, *doni datio*, en un pacte obligatoire qui aurait pu devenir dangereux, il faut reconnaître des progrès certains.

La tradition de la chose donnée devait être réelle en vertu de la Constitution de Constantin, puisque le dessaisissement du donateur devait être plein et entier *advocatâ vicinitate...*; mais les donations étaient favorables quoiqu'elles eussent été entravées; aussi l'on voulut bientôt substituer à cette tradition réelle, une tradition feinte, consistant en la rétention de l'usufruit. Cette rétention paraissait suffisante, elle supposait la translation du droit de propriété, puisqu'on ne peut avoir un usufruit sur sa propre chose. C'était logique, et la donation n'en subissait aucune atteinte; c'était toujours une *doni datio*. Cependant, une réaction se produisit contre les donations, et la rétention d'usufruit fut déclarée insuffisante par les empereurs Honorius et Théodose (*L. Penult., C. Theod., De Donat.*); mais elle ne fut point de longue durée, et *la L. Ult. Cod. Theod., De Donat.*, qui est la loi 28, *Cod. Just., de Donat.*, vint rétablir la jurisprudence antérieure. Justinien confirma encore cette décision par la L. 35, § 5, Cod. *De Donat.*

Justinien fit plus encore, et donnant tout son essor à la faculté de faire des libéralités, surtout des donations pour causes pies, qui étaient alors en grand nombre, il brisa le droit antique et éleva presque au rang des contrats la simple promesse de donner qui n'était qu'un pacte, en lui accordant une

---

(1) *In omnibus deinceps observari negotiis oportebit, ut donatio inter extraneos minus firma judicetur, si jure mancipatio et traditio non fuerit impleta.* L. 7. Cod. Theod. de Donatio.

condictio ex lege pour forcer à accomplir la translation de propriété. Elle devint donc un pacte légitime (1); la réaction religieuse était désormais complète, le progrès était assuré.

Le tableau que nous venons de présenter rapidement du Droit romain, sur les donations, a mis en lumière cette vérité : que jamais (si ce n'est à l'époque de la *Loi Cincia* et dans un but politique peut-être), la donation n'a été vue à Rome de mauvais œil, et que si la tradition et les autres formalités furent exigées, ce n'était pas pour rendre les donations moins nombreuses, mais pour éviter des fraudes et sauvegarder l'intérêt des tiers.

DROIT GALLIQUE.—Dans le Droit gallique, nous remarquons un principe que nous avons déjà signalé dans le Droit coutumier, c'est l'affectation des biens à la famille, affectation plus forte que la volonté individuelle. Ce principe est essentiel et caractéristique dans le Droit des peuples de la Gaule. C'est ainsi que « le propriétaire d'un fonds qui a des enfants ou
» descendants ne peut le donner, même par acte entre-vifs, à
» qui que ce soit; il ne peut l'aliéner à titre onéreux, sans
» le consentement de son héritier, à moins qu'il n'y soit forcé
» par la nécessité, c'est-à-dire pour vivre ou pour payer ses
» dettes (2). » C'est cette même affectation des biens à la famille, que l'on retrouve dans l'ordre de succession en ligne collatérale. «La terre d'un collatéral..., dit M. Laferrière, retournait à la ligne de ceux auxquels le fonds avait appartenu à titre perpétuel (3). » Il semble donc que la règle : *paterna paternis, materna maternis* existait déjà; cependant, j'observe que ce n'est que la très ancienne Coutume de Bretagne

(1) Le mot *donatio,* qui signifiait naturellement une translation de propriété déjà opérée dans un but de libéralité *(doni datio),* fut appliqué désormais au pacte de donner, qui devait conduire à cette translation. Cette erreur de langage a subsisté dans notre ancienne jurisprudence. Sous le Code Napoléon, elle a disparu par l'effet d'un principe nouveau : la translation de la propriété par le seul consentement.

(2) Recueil de Howel, intitulé : *les Triades.*—V. Laferrière, t. II, p. 89.

(3) Laffer. p. 91. — *Nec ullus in fundum cohæredis sui qui sine liberis decesserit, succedit, nec debitis ejus obnoxius erit, nisi fundus ista ad illum descenderit ab aliquo parentum suorum, qui eumdem olim perpetuo jure possidebat. (Leges Wallicæ, lib 4, § 85, n° 13.)*

de 1330, qui la rapportait en ces termes : « Les héritages doivent aller à la ligne dont ils sont partis (art. 219) (1) ; » car le texte des *leg. Wallicæ*, cité par M. Laferrière, ne dit pas absolument la même chose. — Rien, d'ailleurs, n'est plus contesté que l'origine de cette maxime ; cependant les derniers travaux de la science la rattachent au Droit gallique. Il est vrai que M. Bénech, professeur à la Faculté de Toulouse, dans son Etude sur l'Élément gallique et l'Élément germanique dans le Code Napoléon (2), n'adopte cette dernière opinion que par forme de concession. Après avoir dit qu'il ne reconnaît dans notre Code aucune trace des vieilles institutions de nos ancêtres de la Gaule, il ajoute : « Si » j'avais à faire une concession à cette proposition géné- » rale, je ne l'admettrais qu'en faveur de la vieille maxime » du Droit gaulois, qui affectait les propres de succession aux » parents de la ligne par laquelle ils étaient échus au défunt. » Plus bas, il continue : « L'influence de l'esprit féodal a dû » naturellement servir de véhicule à la règle dont il s'agit, » pour l'importer dans le vieux Droit coutumier (3). »

Ne vaudrait-il pas mieux dire peut-être, comme de Laurière et Basnage (4), qu'il faut attribuer cette maxime au seul Droit féodal ? Et, en effet, ne s'était-elle pas implantée profondément et presque en même temps dans toutes les Coutumes, dans celles même qui n'avaient rien pu recevoir du Droit gallique ? Après cette observation, il semble que nous serions autorisé à ajouter ici ce que dit M. Bénech en général de tout le Droit gallique : « Sans doute, celui qui voudrait se contenter de rapprochements plus ou moins exacts, d'analogies plus ou moins lointaines, d'affinités plus ou moins vagues, pourrait faire une ample moisson d'observations dans le champ du Droit gallique. Mais celui qui ne veut admettre que des résultats positifs, des résultats appréciables, ne croira pas pouvoir s'établir solidement sur un pareil terrain (5). »

(1) V. Laffer., t. ii, p. 91.
(2) *Revue de Législation*, 1833, n° de janvier-février.
(3) *Revue de Législation*, janvier-février 1833. De l'Élément gallique et l'Élément germanique dans le Code Napoléon, iv.
(4) *Ibid.*, iv.
(5) *Ibid.*, vi.

Quoi qu'il en soit cependant de l'origine de la maxime *paterna paternis....*, et quand il serait prouvé qu'elle vient du Droit gallique, il ne faudrait pas en conclure que ce Droit a également donné naissance à la règle : *donner et retenir ne vaut.* — Cette conséquence serait fausse, il est facile de le démontrer d'une manière péremptoire : 1° la règle *paterna paternis....* ne consacre nullement par elle-même le principe des réserves coutumières, que la maxime *donner et retenir ne vaut* était destinée à protéger et à faire exécuter; 2° la Coutume de Bretagne qui, mieux que toutes les autres, a, dit-on, conservé les traditions galliques, est précisément l'une de ces Coutumes, peu nombreuses il est vrai, qui n'avaient pas formulé la maxime : *donner et retenir ne vaut.* Elles l'avaient remplacée, en effet, par une réserve coutumière que les donations devaient respecter comme les dispositions de dernière volonté (1).

Il demeure donc établi que notre Droit coutumier n'a rien emprunté au Droit gallique pour la maxime qui nous occupe.

DROIT GERMANIQUE. — On a longtemps proclamé l'existence, dans le Droit germanique, d'une co-propriété de biens affectés à la famille et qu'on ne pouvait aliéner sans son consentement. Mais M. Laferrière a prouvé que pour la ligne collatérale, dont nous avons surtout à nous occuper, le principe de l'affectation des biens n'existait pas. Sans doute, le testament était inconnu; mais si le Franc n'a ni fils ni fille, dit la loi des Ripuaires, il peut, par donation entre-vifs, se choisir un héritier (*adoptare in hæreditatem*), en présence du roi, par l'écriture et la tradition (2). La loi salique contient les mêmes princi-

(1) « La très ancienne Coutume de Bretagne reconnaît aux roturiers » le droit de disposer par donaison (sans distinguer entre les donations » entre-vifs et les donations à cause de mort), *du tiers de l'héritage et de* » *tous les meubles*, en faveur d'autres personnes que les hoirs et sans esprit » de fraude contre eux. » V. Laferrière, *Histoire du Droit français*, t. II, p. 134. — La Coutume de Bretagne de 1539 conserva ce système : « Art. 218. Toute personne pourvue de sens peut donner le *tiers de son héritage.....* » *Id.*, coutume réformée en 1580, art. 199.

(2) *Si qui procreationem filiorum vel filiarum non habuerit, omnem facultatem suam in præsentia regis, sive vir mulieri, sive mulier viro, seu*

pes avec le détail des formalités symboliques à observer pour
cette institution contractuelle d'héritier, qui produisait des
effets pendant la vie même du donateur (1), car il ne pouvait
plus faire aucune autre institution à son préjudice, ni même
aliéner à titre onéreux « si ce n'est pour cause de pauvreté et
après avoir offert à l'institué la préemption (2). » La loi des
Burgondes allait même plus loin, elle permettait de disposer
au préjudice de ses enfants, à moins qu'il ne s'agit de la terre
conquise ou des lots du partage primitif. Enfin, M. Laferrière

cuicumque liber de proximis vel extraneis adoptare ni hæreditatem seu ad-
fatimi per scripturam seriem, semper traditione et testibus adhibitis
secundum legem Ripuariam licentiam habeat. Loi Rip. xlvni. V. Laferrière, t. iii, p. 20, note 6.

(1) M. Laferrière traduit ainsi ce curieux passage de la loi salique :
« Le *Tunginus* ou Centenier indique l'assemblée de justice et y paraît
tenant le bouclier. Le donateur jette un rameau dans le sein de celui qu'il
veut gratifier, et, en le jetant ainsi, il déclare combien il veut donner de sa
fortune. — Le donataire se rend dans l'habitation du donateur, il y reçoit
trois hôtes et, en présence de témoins, il prend possession de tout ce qui lui
a été donné. — Plus tard, en présence du roi ou dans un mall légitime, il
rend (par le jet du rameau) la chose au donateur, et avant l'expiration de
douze mois, celui qui a été désigné pour héritier doit encore, en assemblée
judiciaire, recevoir la branche dans son sein, sans qu'il y ait ni plus ni
moins dans la seconde donation. Si un jour il y a contestation, trois témoins assermentés doivent dire qu'ils ont assisté au mall indiqué par le
chef; qu'ils ont vu cet homme, qui a donné sa fortune, jeter le rameau dans
le sein de celui qu'il avait choisi; ils doivent *nommer celui qui* a jeté
sa fortune dans le sein de l'élu; ils doivent nommer également celui qui a
reçu la branche et que le donateur a appelé son héritier *et hæredam ap-
pellavit*. Trois autres témoins assermentés doivent dire que le donataire a
demeuré dans la maison du donateur, qu'il y a réuni trois hôtes, qu'ils ont
mangé à sa table et qu'en leur présence ils lui ont rendu grâce. Enfin,
trois témoins encore doivent déclarer, sous serment, que dans le mall légitime, ou devant le roi, l'homme qui avait reçu le rameau en assemblée publique l'avait, en présence de tous, jeté dans le sein de celui qui l'avait
appelé héritier. Et toutes ces choses doivent être ainsi affirmées par neuf
témoins. » (*Lex emendata, tit. 48, de affatomia*). — V. Laferrière, t. iii,
p. 201 et s.

(2) Klimrath, *Histoire du Droit français*, t. i, p. 380. — *Dicat prius
illi cui thingaverit : Ecce vides, quia necessitate compulsus res istas volo
vendere. — Si tibi videtur subveni mihi et res istas conserva in tua pro-
prietate. Tunc si nolueris subvenire, quod alii dederit sit illi stabile et*

ajoute (1) : « Une Charte du comte Angelbert, de l'an 709, prouve qu'au viii° siècle le droit des Francs n'avait encore rien perdu à cet égard de son caractère primitif. Il y est dit : « La » loi et le Droit permettent et le pacte des Francs porte que » chacun fasse de ses biens ce qu'il voudra et jouisse à cet » égard d'un plein pouvoir (2). »

C'est en s'appuyant sur tous ces documents que le savant inspecteur-général des Facultés de Droit fait ressortir, chez les peuples Francs, « le principe d'*indépendance individu-elle*, qui place l'individu au-dessus de l'ordre d'hérédité légitime dans les lignes ascendantes et collatérales, et qui met l'institution contractuelle d'héritier *au-dessus du princi*-, *successoral de la conservation des biens dans les fami-les.* » « La perpétuité de famille, de nom ou de transmission » de terres, tout cela dit Montesquieu, n'entrait pas dans » dans la tête des Germains. (*Esprit des Lois*, L. xviii, » chap. 22) (3). »

Ajoutons encore que ces principes contraires à la conservation des biens dans les familles, s'étaient perpétués jusqu'au ix° siècle et avaient alors reçu de l'extension. Nous en avons pour preuve un capitulaire additionnel à la loi des Ripuaires de l'an 803, qui reconnaissait et *facilitait* la liberté accordée à celui qui n'avait pas de fils (sans parler des filles), de nommer un héritier (4). — En même temps les donations aux églises étaient favorisées; elles n'étaient soumises qu'à la formalité de la tradition devant témoins (5).

Tel était le Droit germanique sur la matière qui nous occupe, à l'époque où la féodalité allait se développer.

En résumé, le Droit romain n'a pu avoir aucune influence sur la maxime *donner et retenir ne vaut*. Il aurait suffi, pour

firmum qui acceperit (Lex. Rothar. 173.) — *Nulli donatori liceat ipsum thinx, quod antea fecerit, iterum si alium hominem transmittere* (174).

(1) *Histoire du Droit français, dicto loco.*

(2) *Ibid.* « *Dùm leges et jura sinunt et conventio Francorum est ut de facultatibus suis quisque quod facere voluerit habent potestatem.* »

(3) Laferrière, *Histoire du Droit, loco citato.*

(4) Laferrière, *ibid.*, liv. iv, ch. vi, t. iii, p. 243.

(5) *Qui res pro anima sua ad casam Dei tradere voluerit, deni traditionem faciat coram testibus legitimis (Capit. 803, art. 2).*

le démontrer, de cette simple observation, qu'elle n'avait pas été reçue dans les pays de Droit écrit; sans avoir besoin de faire connaître l'esprit du Droit romain sur les donations. — En second lieu, le Droit germanique admettait des principes opposés à celui de la maxime. — Le Droit gallique enfin, s'il est vrai que son caractère principal ait été la conservation des biens dans les familles, même en ligne collatérale, ne me paraît avoir eu aucune influence sur le Droit coutumier, j'ai dit pourquoi.

Voici donc qu'elle pourrait être l'origine de la règle coutumière que nous étudions. — Lorsque la féodalité eut étendu partout son empire, le Droit ancien fut perdu, tout le passé fut laissé dans l'oubli, les lois furent bornées à la circonscription du seigneur féodal et devinrent territoriales. Dans la seconde phase de la féodalité, lorsqu'elle fut devenue plus humaine et plus sociale par suite des croisades les usages et coutumes qui furent plus tard solennellement rédigés se formèrent partout et s'inspirèrent de l'esprit de l'époque. — Les seigneurs avaient été obligés de démembrer leurs possessions, ils les avaient concédées aux serfs affranchis à titre de censive; les communes commençaient à se former de toutes parts. En un mot, l'aristocratie terrienne perdait de sa force. Ce fut alors que prirent naissance diverses institutions propres à la soutenir : Le retrait féodal et censuel, le droit d'aînesse et de masculinité. — « Les tendances aristocratiques des sommités de la classe noble, descendirent bientôt dans la bourgeoisie, pénétrèrent fortement dans la trame du Droit civil, qui conspira, par toute espèce de moyens, en faveur de la concentration des biens dans la famille (1). » De là le retrait lignager et les réserves coutumières des propres en faveur des ascendants et des collatéraux, etc.... De l'institution des réserves coutumières à la maxime : *donner et retenir ne vaut*, il n'y a plus qu'un pas. Nous avons dit avec nos anciens auteurs, et notamment avec Pothier, comment il fut franchi. La maxime, en effet, avait pour mission d'empêcher que les héritiers collatéraux ne fussent dépouillés

(1) De l'Élément gallique et de l'Élément germanique, par M. Benech, xxiii, inséré dans le n° de janvier-février 1853, de la *Revue de Législation*.

de la portion de biens que la loi leur réservait. Dans quelques Coutumes, pour éviter le mal que la maxime était destinée à prévenir, on avait eu recours à un autre système; on avait fait fléchir la rigueur des principes devant l'intérêt général, et pour conserver les biens dans la famille, on avait défendu de disposer par donation entre-vifs, comme par acte d'une dernière volonté au delà d'une certaine limite. Au nombre de ces Coutumes, nous pouvons citer la Coutume de Bretagne (art. 218) (1). La maxime : *donner et retenir ne vaut* devenait dès lors inutile. Aussi d'Argentré, dans son Commentaire de l'art. 226 de cette même Coutume, disait : *Plus aliquid vicinæ consuetudines expressère, Bituirig. ! jivanectensium..... Parisiensium..... apud quos illud i proverbis est : Donner et retenir ne vaut* (2).

Là où des limites n'avaient pas été imposées à la liberté de disposer par donation, nous trouvons en vigueur la maxime.... Au contraire, là où la liberté de disposer par donation est limitée comme pour les testaments, la maxime n'existe pas. Ce rapprochement proclame bien haut que la limitation et la maxime, avaient l'une et l'autre le même but à atteindre : conserver les biens dans les familles.

Si nous passons maintenant à l'histoire de la maxime : *donner et retenir ne vaut*, dont l'origine nous est connue, nous pourrons diviser cette histoire jusqu'au Code Napoléon en trois périodes.

Première période. — Quelle fut, à l'origine, l'étendue de notre règle coutumière? La convention de donner, une fois consentie, la propriété de la chose donnée n'était point transférée de plein droit, dans notre ancienne jurisprudence pas plus que dans le Droit romain. La tradition destinée à opérer cette translation de propriété était indispensable; le donateur pouvait donc être contraint à l'opérer, « parce qu'ayant une fois déclaré qu'il donnait, il est tenu de garder sa parole, la

(1) Il en était de même des Coutumes de La Rochelle (art. 43-44), de la Saintonge (81-80), de l'Angoumois (49-52) etc. Elles ne permettaient de disposer par donation comme par testament que d'un tiers des propres et de tous les meubles et acquêts, et n'étaient pas soumises à la maxime *donner et retenir ne vaut*.

(2) Glose 1, n° 4.

donation comprenant tacitement l'obligation de la tradition, puisque sans elle il n'y aurait pas de donation (1). » Telle était, d'ailleurs, la disposition expresse de la Coutume de Châlons (art. 64) (2). Ricard enseigne que cette disposition devait être suivie dans les autres Coutumes qui ne contenaient rien de contraire. (3)

Pour obéir à la Coutume, la tradition devait être opérée, tradition qui était rigoureuse et de fait. Le donateur devait être dépouillé de son bien; il devait réellement transférer avec la propriété, la possession de la chose donnée, témoignant par là qu'il aimait mieux que le donataire en eut la propriété et la jouissance que lui-même, selon l'esprit du Droit coutumier, qui avait voulu trouver dans ce dépouillement véritable un frein à la liberté illimitée de donner. «Elle fait, disait Ricard (4), comme le sceau et la vérification de la donation, afin qu'il paraisse qu'elle a été faite sincèrement et sans dissimulation. » Tel fut le premier effet de la maxime.

Cette première période, qui dura probablement jusqu'à la rédaction des Coutumes, est la véritable époque de la règle: *donner et retenir ne vaut.* Alors elle remplissait entièrement le but pour lequel elle avait été adoptée.

Deuxième période. — Vers la fin du xv° siècle et dans le xvi°, les Coutumes furent solennellement rédigées, et presque toutes, ainsi que nous l'avons observé, portent au frontispice du titre des donations: *Donner et retenir ne vaut* (5). Cette règle, cependant, commençait à perdre de la force qu'elle avait eue tout d'abord. Déjà la féodalité usait sa puissance dans sa lettre contre la royauté et les communes; on touchait au moment où le besoin allait se faire sentir de ré-

(1) Ricard, *Traité des Donations*, prem.ière partie, n° 896.

(2) Cet art. 64 portait que « le donataire peut agir par action personnelle à l'encontre du donateur vivant, afin d'avoir délivrance de la chose par lui donnée. Et si le donateur mourait en la possession de la chose donnée avant l'action intentée, telle donation ne vaut aucunement, et ne peut le donataire agir en vertu d'icelle personnellement ne autrement, à l'encontre de l'héritier. » V. Ricard, *loc citato.*

(3) Ricard, *Traité des Donations*, première partie, n° 897.

(4) *Traité des Donations*, n° 601.

(5) V. notamment *Coutume de Paris*, art. 273 et 274...

duire à deux degrés les substitutions *fidei-commissaires* (1);
en un mot, le principe de la conservation des biens dans les
familles dégénérait.

Cette décadence doit être constatée immédiatement dans
la matière qui nous occupe. Il résulte, en effet, de la rédaction des Coutumes, que généralement la tradition réelle
n'était plus indispensable. Remarquons tout d'abord que la
tradition put être faite avec des cérémonies extérieures, mais
sans dessaisissement véritable de la possession. C'est ainsi que
quelques Coutumes, et ce furent les plus rigoureuses, admi-
rent la tradition par la saisine, le nantissement ou le vest.
C'était là un débris de l'ancienne tradition féodale, qui devait
être, et de droit et de fait tout à la fois, « l'ensaisinement pour
la censive, comme l'investiture pour le fief était la condition
essentielle de la transmission, qui ne pouvait s'opérer par
la seule volonté ni pour la première concession, ni pour les
transmissions subséquentes (2). » Les formalités extérieures
de l'ensaisinement, qui consistaient dans le dépouillement du
donateur entre les mains du seigneur et l'investissement du
donataire au moyen de lettres, que le seigneur lui expédiait,
furent à l'origine comme l'attestation d'une mise en possession
réelle et effective.— A l'époque de la rédaction des Coutumes
et depuis, elles ne furent qu'un vain simulacre, là où elles étaient
encore exigées, car le donateur pouvait continuer à jouir pendant sa vie (3).

Le progrès n'avait pas été de toutes parts uniforme; on
n'avait pas admis partout cette violation des principes fonda-
mentaux, en matière de donation, se cachant sous de vaines
cérémonies, et nous rencontrons des Coutumes qui exigeaient
encore que le donataire dût acquérir et retenir un véritable
droit réel; en telle sorte que si le donateur conservait la jouissance, il était obligé de lui payer un loyer ou une redevance
annuelle; c'est ce que dit formellement l'art. 44 de la Coutume
de Champagne (4). «Au moyen de quoi, ajoute Ricard après

(1) *Ordonnance d'Orléans*, art. 59.
(2) Laferrière, *Histoire du Droit français*, t. 4, p. 413.
(3) Ricard, *Traité des Donations*, première partie, n° 911.
(4) Art. 44 de la *Coutume de Champagne*: « Si uns homs ou femme

avoir rapporté cet article, la tradition était véritablement réalisée et le donataire entrait dans une possession actuelle, en conséquence de la redevance qui lui était payée, ce qui fesait que le donateur jouissait en son nom et pour lui; au lieu que dans le cas de la simple saisine, comme nous le pratiquons présentement, ce n'est qu'une tradition mixte et qui participe même plutôt de la possession civile que de la réelle (1).»

Cette décision de la Coutume de Champagne nous fait connaître, pour la première période, la véritable portée de la maxime: *donner et retenir ne vaut,* telle que nous l'avons indiquée. — Ce qui nous reste à exposer de la deuxième période nous conduira encore au même résultat.

Tandis que la Coutume de Champagne conservait les anciens principes; que d'autres Coutumes plus nombreuses, celle de Senlis (art. 211), entre autres, s'en tenaient à de vaines formules qui ne prouvaient plus la réalité, il était naturel que la réalité pût suffire et que les formalités extérieures fussent alors déclarées inutiles et scrupuleuses. En effet, à la différence du Droit romain, notre législation n'était pas essentiellement formaliste. Écoutons Ricard : « La plupart de nos Coutumes ont commencé à dire, comme fait encore celle de Senlis (212), que l'appréhension de fait valait saisine, et les autres, comme Paris (82), que personne ne prend saisine qui ne veut; en conséquence de quoi, le donateur livre aujourd'hui la chose donnée par la seule parole, et le donataire en peut prendre possession de sa propre autorité (2).» — Ce progrès, dont l'importance d'ailleurs était nulle quant au fond du Droit, n'avait pourtant pas été général, et quelques Coutumes (celle d'Amiens, 54), admettaient encore la nécessité de la saisine, après qu'on avait été mis en possession réelle.

donnent à un autre, maisons ou autres héritages, et ils s'en devestent par justice et l'en revestent par justice et en faisant lettres, là où soit contenu qu'il li quittent et li donnent quonques il y ont et toutes voies li devesteres retien et en demeure saisis, sans ce qu'il en paie loier, ne nulle redevance à celui à qui aura fait li don; li don ne vaudra rien contre l'oir dou mort, parce que pour droit commun et Coutume de Champagne donners et retenirs ne vaut riens. »

(1) Ricard, *ibid.* n° 911.

(2) *Traité des Donations.* première partie, n° 912.

Nouvelle preuve à l'appui de ce que nous avons dit pour la première période, à savoir : que l'appréhension réelle avait toujours lieu, que le dessaisissement du donateur devait être véritable et attesté par des formalités extérieures.

On avait été bien plus loin encore des principes primitivement en vigueur. Plusieurs Coutumes, le plus grand nombre, subissant l'influence du Droit romain, dont l'étude alors était générale, se contentèrent d'une tradition feinte pour la perfection de la donation. Cujas exposait clairement, à cette époque, en expliquant la L. 27. D. de Donat., que puisque l'usufruit pouvant exister seulement sur la chose d'autrui, le donateur qui retenait un droit de cette nature sur la chose donnée en faisait par là même la tradition fictivement (1); c'était, d'ailleurs, la disposition formelle de la L. Ult., Cod. Theod., De Donat., et des L. 28 et 35, § 5, Cod. de J., De Donat.

Les Coutumes adoptèrent cette solution, et non seulement la rétention d'usufruit, mais encore le constitut et le précaire furent reconnus suffisants, par des motifs analogues, pour opérer la tradition. Il est vrai que, d'après le témoignage de Ricard (2), les clauses de constitut et de précaire avaient été regardées quelquefois comme imaginaires, et qu'on avait soutenu que dans l'usage elles ne pouvaient produire aucun effet sans la réserve d'usufruit; mais on opposait que personne ne peut tenir de soi à titre précaire *receptum est rei suæ præcarium non esse* (3), ni être locataire de la chose qui lui est propre (4). D'ailleurs, la disposition de la Coutume de Paris était formelle sur ce point; l'art. 275 portait en effet : *Ce n'est pas donner et retenir quand on donne la propriété d'aucun héritage, retenu à soi, l'usufruit à vie ou à temps, ou quand il y a clause de constitut ou précaire et vaut telle donation.* — Il

---

(1) *Hodie etiam retentio usufructus in donationibus habetur pro traditione, et eo quoque genere perficitur donatio quasi is qui retinet usumfructum in re sua, quem nemo habet in re sua, sed in re aliena, quia nemini res sua servit, is videtur eam rem facere alienam traditione fictitia in quá retinet usumfructum.* — Cujas. Quæst. Papinian.

(2) *Tr. des Don.* première partie, n° 622.

(3) L. 4, § 3, D. de præcario.

(4) L. 20 C. de loc. cond. — L. 28, de acquirend. vel amitt. poss.

semble que ces diverses solutions, incontestables d'ailleurs, étaient en opposition avec ce principe : *C'est donner et retenir quand le donateur demeure en possession jusqu'au jour de son décès* (1); mais on faisait remarquer que le donateur ne continuait pas la possession résultant du droit de propriété (ce que la Coutume avait voulu défendre); qu'il jouissait en vertu d'un droit nouveau, « et ce n'est point donner et » retenir quand on retient par convention, *retentio rei igitur ex conventione non obest, præter conventionem obest*, dit M. d'Argentré, sur la Coutume de Bretagne » (art. 226, Glos. 2), ce qui est très remarquable (2). »

Après avoir envisagé cette situation nouvelle, il est facile de voir tout d'abord que la portée primitive de la maxime ne se retrouve nulle part; bien plus qu'elle ne peut remplir en rien le but pour lequel elle avait été introduite; et l'on est obligé de souscrire à cette observation de Ricard, que « dans la suite des temps, la subtilité des jurisconsultes a réduit l'usage de la tradition à une pure subtilité, en introduisant les possessions civiles qui s'accomplissent par la voie feinte (3). » On avait été si loin dans cette voie, qu'on s'était demandé si la réserve d'une pension produirait le même effet que la rétention d'usufruit; et un arrêt du 4 avril 1646 du Parlement de Provence avait gravement décidé la négative, et Ricard approuvait gravement lui aussi cette doctrine en disant : « d'autant que la réserve de pension ne donne qu'une action personnelle au donateur (4), » comme si une telle question pouvait faire l'objet d'un doute ! — Enfin, on avait enseigné qu'il ne fallait pas être sévère pour les formalités de la tradition feinte, qu'il suffisait de la rencontrer en substance comme si l'on avait dit que le donataire n'entrerait en possession *qu'après le décès du donateur*, car « les mots : après son décès, mis en la donation, emportent une tacite rétention de la jouissance pendant la vie du donateur et une possession précaire (5). »

---

(1) *Cout. de Par.*, art. 274.
(2) Furgole. *Donations*, t. i, art. 18 de l'ord. p. 133.
(3) Ricard. *Donat.*, première partie, n° 902.
(4) *Idem.*, n° 917.
(5) *Idem.*, n° 933.

Telle était l'opinion [de Ricard, citant à l'appui Dumoulin.

Malgré toutes ces décisions sérieusement adoptées, et qui démolissaient peu à peu le vieil édifice, il est à remarquer que la maxime était alors écrite dans la loi. On n'avait pas voulu la faire disparaître par respect pour les usages; on y tenait même beaucoup, car elle se présentait comme étendant sa protection sur les familles. En réalité, sa protection était bien peu efficace. Qu'importe? les hommes aiment souvent à se tromper eux-mêmes!.. Dans le domaine juridique, enfin, notre règle avait pour effet, de prohiber les donations de biens à venir et de donner naissance à quelques controverses sur les donations de biens présents et à venir, sur les conditions que les donations pouvaient recevoir...

Avant de clore cette deuxième période de l'histoire de notre maxime, il nous faut signaler une disposition importante, que l'on ne trouve guère que dans la deuxième rédaction des Coutumes, notamment de la Coutume de Paris (art. 277). On ne peut s'empêcher de constater, à cette époque, un mouvement de réaction contre le progrès et la liberté, en faveur de la conservation des biens dans les familles. Ainsi, dans la matière de substitutions, nous rencontrons l'ordonnance de Moulins, plus favorable que celle d'Orléans, et dont la jurisprudence étendit même la portée au delà de ses véritables limites. Dans notre matière, on ne fut pas longtemps sans s'apercevoir que grâce à l'interprétation nouvelle de la maxime, on pouvait facilement, par suggestion ou captation, obtenir des libéralités irrévocables d'un donateur qui ne se dépouillait pas *personnellement*, puisqu'il ne faisait qu'une tradition feinte. Cette facilité était à craindre, surtout pour ceux que l'on est plus porté à circonvenir, ceux qui sont atteints de leur dernière maladie. Elle servit plusieurs fois à violer les limites apportées à la liberté de disposer par acte de dernière volonté; c'est ce dont se plaint Ferrières, dans son *Commentaire de la Coutume de Paris*, art. 277, n° 11. Il était urgent de porter remède au mal qui venait de se déclarer; on assimila donc aux donations à cause de mort, les donations conçues entre-vifs faites par les personnes malades de la maladie dont elles venaient ensuite à décéder. L'art. 277 de la *Coutume de Paris réformée* portait en effet : « Toutes donations, encore qu'elles soient conçues entre-vifs, faites par personnes gisans au lit malades de la maladie dont ils décèdent, sont réputées faites à cause de mort et testamentaires et non entre-vifs (1).»

Troisième période.— Nous aurions pu nous arrêter à cette seconde période de l'histoire de notre maxime, en l'étendant jusqu'à l'époque de la rédaction du Code Napoléon, car les principes demeurent les mêmes : la maxime *donner et retenir ne vaut* a perdu pour toujours la force qu'elle avait à l'origine; et à ne la considérer que par rapport au but qu'elle devait remplir, on peut dire avec vérité qu'elle est morte. Cependant, nous avons énoncé qu'elle produisait quelques effets juridiques encore peu définis, dans une législation qui l'avait écrite d'une manière bien formelle. Il est un moment dans l'histoire où ces effets ont été précisés avec plus de soin, pour faire cesser les doutes et les contradictions de la jurisprudence. De ce moment, nous daterons notre troisième période, c'est-à-dire de l'ordonnance de 1731 sur *les Donations*.

De tous les effets juridiques de la maxime, que l'on pouvait réduire à deux à l'origine, savoir : le dépouillement de fait et le dépouillement de droit du donateur, le dernier seul subsistait encore. Celui qui devait produire les résultats les plus favorables dans l'intérêt des familles, avait disparu ou du moins avait été annihilé par les traditions feintes, qui elles-mêmes étaient suppléées facilement. La tradition de droit était cependant toujours exigée; elle était regardée comme l'âme de la donation, le signe caractéristique qui la différenciait des autres dispositions à titre gratuit. De bonne heure on avait rattaché à la nécessité de cette tradition de droit la nullité de la donation des biens à venir, car le donateur ne pouvait se dépouiller actuellement des droits qu'il n'avait pas encore; il en était de même de l'institution d'héritier faite par donation (en dehors des contrats de mariage, pour les-

(1) Je ne m'arrêterai point ici aux discussions des coutumistes sur les textes, relativement aux maladies dont il pouvait être question. Étendant ou resserrant d'une manière étrange la pensée de la Coutume, ils donnèrent souvent des solutions ridicules. J'ajouterai seulement que, dans le même esprit, quelques Coutumes assimilèrent aux donations à cause de mort, les donations faites dans les quarante jours et quelquefois dans les trente jours qui précédaient la mort.

quels on avait établi des règles spéciales). Par suite, la donation de tous les biens que le donateur aura le jour de son décès était absolument nulle, ainsi jugeait le Parlement de Paris (1).

Il était une grave question qui avait divisé les plus savants docteurs et la jurisprudence des Parlements. Comment devait être traitée la donation de tous les biens présents et à venir ou d'une quote part de ces biens *per modum quotæ?* Quelques Coutumes avaient décidé cette question, chacune d'une manière différente. Les unes, plus voisines des pays de Droit écrit et subissant l'influence de l'interprétation que l'on avait donnée à quelques textes des lois romaines, desquelles on faisait ressortir la faculté de donner les biens à venir, avaient décidé : *Donation entre-vifs de tous biens présents et à venir ou de partie, retenue certaine somme de deniers ou partie desdits biens pour en disposer à son plaisir et volonté, est bonne et valable* (2). La Coutume de Sedan admettait cette donation, mais seulement quant aux biens dont le donataire avait eu la possession du vivant du donateur (3). — Deux autres Coutumes, celle du Bourbonnais et celle du Berry avaient donné une solution toute contraire. La première portait : *Donation universelle faite de tous biens présents et à venir ne vaut* (210) ; la deuxième les rejetait aussi et les excluait même des contrats de mariage. Dans les autres Coutumes, qui ne s'en étaient point occupées, de vives controverses s'étaient élevées, et la jurisprudence, après plusieurs décisions quelquefois contradictoires, hésitait chancelante. — Ricard, voulant résoudre la difficulté, y consacra une longue dissertation et s'arrêta enfin à cette solution : qu'il ne faudrait permettre de scinder la donation des biens présents et à venir, pour conserver celle des biens présents et faire disparaître celle des biens à venir, que lorsqu'il paraîtrait, que telle avait été l'intention du donateur (4).

Quoiqu'il en soit, pour faire cesser ces tâtonnements, ces

(1) Furgole, *Donat.* Comment. de l'ord. de 1731, art. 115, p. 123.

(2) *Coutume d'Auvergne,* art. 23, ch. 11.

(3) Ricard, *Donations,* première partie, n° 983.

(4) Ricard, *Donations,* première partie, n° 1204.

hésitations de la jurisprudence coutumière et pour corriger ce que l'on croyait être le Droit de Justinien, en vigueur dans les pays de Droit écrit, que les commentateurs avaient critiqué parce qu'il facilitait la perte des biens pour la famille, et que les Parlements avaient voulu modifier en introduisant la nécessité de réserver quelque chose dont le donateur put tester, l'ordonnance de 1731 établit une disposition générale pour tous les pays de France, qui prohiba avec la donation des biens à venir, celle des biens présents et à venir et la déclara nulle pour le tout, sans permettre, dans ce dernier cas, la séparation des deux dispositions ; parce que c'eut été s'exposer à méconnaître l'intention des parties que de séparer ce qui avait été réuni dans leur esprit. — La prohibition de donner les biens à venir peut s'expliquer par les principes les plus simples du Droit, on le faisait à cette époque par la maxime : *donner et retenir ne vaut.* Quant à la nullité pleine et entière de la donation des biens présents et à venir, il faut y voir nécessairement un effet rigoureux de cette règle coutumière, qui a pu seule inspirer la présomption légale de l'indivisibilité de ces sortes de donation ; cette nullité froissait les idées reçues, les principes admis dans divers Parlements ; aussi elle donna lieu à des remonstrances de la part de plusieurs de ces hautes compagnies judiciaires. Mais l'auteur de l'ordonnance, d'Aguesseau, avait voulu donner à la France une législation uniforme ; il répondit aux Parlements que : « le roi s'était conduit moins en législateur qu'en » juge, puisque sa majesté ne s'est déterminée sur aucune ques- » tion, qu'après avoir entendu tout ce que les différents Parle- » ments du royaume ont jugé à propos de lui représenter, » pour soutenir la jurisprudence qui leur était particulière (1) ;» que par conséquent il ne fallait point renouveler des discussions inutiles. — Puis il traçait d'une main ferme et habile le véritable sens des dispositions que l'on avait critiquées (2).

(1) Œuvres complètes de d'Aguesseau, édit. de 1759, t. iv, Lett e 238-239.

(2) C'est ainsi qu'il écrivait au Parlement de Grenoble, au sujet de l'art. 15 de l'ordonnance : « Quoiqu'il y ait des raisons considérables de part et d'autre, on a cru néanmoins qu'il était contraire aux principes d'une saine jurisprudence de diviser un acte en le faisant valoir pour une partie et en

Si une exception fut admise pour les donations de biens présents et à venir faites par contrat de mariage en faveur des conjoints, ce fut parce que « une telle disposition peut être regardée comme une Institution Contractuelle et justifiée par le vœu commun des pères et des familles qui s'unissent (1). » — Une autre exception avait été proposée pour valider ces donations, lorsque le donateur se serait réservé quelque portion de ses biens ou droits, pour n'être point privé de la faculté de tester; elle ne fut point adoptée et le chancelier répondait au Parlement de Toulouse, que cette réserve étant dans l'usage très médiocre et « ne faisant point cesser réellement le véritable inconvénient des donations de tous les biens présents et à venir, elle devait être regardée comme une vaine formalité ne tombant que sur les mots et non sur les choses (2). »

La question des conditions imposées aux donations avait été aussi diversement résolue, avant l'ordonnance de 1731. Quelques auteurs avaient été jusqu'à proscrire toutes conditions, qu'elle que fût leur nature, parce qu'alors la tradition devenait impossible, l'investissement du donataire ne pouvait être parfait et irrévocable. C'était méconnaître l'effet de toute condition qui nécessairement rétroagit au jour du contrat. En fait, le donataire n'a pas possédé jusqu'à l'événement de la condition suspensive, ou bien il a possédé jusqu'à l'événement de la condition résolutoire; mais au point de vue juridique, la situation du donataire est fixée dès que la donation est consentie, son droit est incommutable; la condition ne doit plus avoir qu'un effet, déclarer ce qui a existé *ab initio*. Il est donc évident, que, même avec une condition, la donation

le détruisant pour l'autre; que les choses n'étant plus entières lorsqu'on fait cette distinction, on ne pouvait savoir précisément si elle n'était pas entièrement contraire à l'intention du donateur: qu'il pouvait en naître souvent des questions embarrassantes par rapport aux charges et aux conditions de la donation, et qu'ainsi la jurisprudence qui favorisait la séparation des biens présents et des biens à venir, était une source de procès, directement opposée à l'intention du roi, dont le principal objet est de les prévenir. » T. ix. lett. 288.

(1) Lettre 289, au Parlement de Besançon, d'Aguesseau, t. ix.
(2) Lettre 293.

était possible, car la tradition de droit n'était nullement empêchée; pourvu toutefois que la condition dont nous venons de préciser l'effet, ne dépendit pas entièrement de l'arbitraire du donateur. Dans cette dernière situation, son dessaisissement eut été illusoire, car la condition destinée à fixer les droits de chacun *ab initio* aurait prononcé selon son caprice, et il eut été vrai de dire que le donateur aurait retenu en donnant, son obligation n'étant point un lien véritable. Tels sont les principes qui avaient été entrevus dans notre matière; ce sont du reste les principes les plus simples sur l'effet des conditions.—Pourquoi donc ne les aurait-on pas appliqués à la donation, lorsque la maxime: *donner et retenir ne vaut* avait perdu toute sa force, et que la tradition de fait, le dépouillement véritable du donateur, ne paraissait plus nécessaire?

Dans la première période de l'histoire de notre maxime, toute condition dans la donation devait être proscrite; dans la troisième, cette proscription eut été ridicule. La deuxième période était une époque de transition, par conséquent d'hésitation et de tâtonnements: les principes se faisaient jour, mais ils apparaissaient embarrassés des entraves des temps antérieurs. Enfin, lorsque fut rédigée l'ordonnance de 1731, les auteurs avaient été réfutés victorieusement par Ricard (1), et l'art. 16 ne fit que confirmer son opinion et celle de la jurisprudence en prononçant la nullité des *donations faites sous des conditions dont l'exécution dépend de la seule volonté du donateur*, et, par conséquent, *sous la condition de payer les dettes et charges de la succession du donateur en tout ou en partie, ou autres dettes et charges que celles qui existaient lors de la donation*, etc.

Après avoir montré les dispositions les plus importantes de l'ordonnance, relativement à notre maxime, il est facile de constater de nouveau, et d'une manière bien certaine, que cette maxime n'a rien conservé de son originalité; qu'elle n'a plus son caractère propre; qu'elle ne se distingue presque plus du Droit commun. « Tout ce que cette maxime signifie,

(1) *Donations,* première partie, n° 1033 et s.

« disait D'Aguesseau, est que le donateur ne peut se réserver
» ni la propriété des choses données dans le temps qu'il les
» donne, ni le droit d'en priver le donataire quand il le jugera
» à propos, *et en ce sens la maxime est en quelque sorte de*
» *droit naturel* (1). »

Ajoutons cependant que dans les pays coutumiers, à la différence des pays de Droit écrit et par le seul effet de la maxime,
la tradition réelle ou feinte était toujours indispensable, en
règle générale, pour la perfection de la donation ; elle devait
être faite du vivant du donateur, sans quoi la donation était
nulle (2).

Après avoir parcouru le vaste champ du Droit ancien dans
une bien petite partie, nous arrivons au Code Napoléon, et
nous devons nous demander si la maxime : *donner et retenir*
ne vaut subsiste encore, si elle a laissé quelque empreinte sur
notre législation.

CHAPITRE II.

QUELLE EST L'INFLUENCE EXERCÉE PAR LA MAXIME : DONNER ET RETENIR NE VAUT SUR LE CODE NAPOLÉON ?

Le Code Napoléon a consacré deux principes nouveaux qu'il
est important de mettre en relief.

1° La limitation de la quotité disponible par dispositions
de dernière volonté, qui existait généralement dans notre ancien Droit en faveur des collatéraux, ce qui avait donné naissance à la maxime : *donner et retenir ne vaut,* n'existe plus
sous le Code ; parce qu'on n'a pas cru nécessaire d'établir une
réserve semblable aux réserves coutumières et ayant pour
principe la conservation des biens dans les familles. Ceci nous
amène immédiatement à cette observation, que dans notre
Droit la maxime coutumière ne 'pourrait nullement remplir
le but auquel elle était destinée.

2° Un autre principe bien certain domine notre législation

(1) Lettre 289, Œuv. comp., t. IX.
(2) Furgole, *Donations,* t. I, comment. de l'ordonn. de 1731, art. 15,
p. 137.

et se trouve même écrit au titre *des Donations* : la tradition réelle ou feinte n'est plus exigée désormais pour la translation de la propriété. Dès que l'obligation de donner et par conséquent de livrer a pris naissance, à l'instant même la propriété est transférée par le seul effet du consentement (1138). Ce principe reçoit son application dans l'art. 938, qui dispose : *La donation dûment acceptée sera parfaite par le seul consentement des parties, et la propriété des objets donnés sera transférée au donataire sans qu'il soit besoin d'autre tradition.* — Ainsi, d'un côté, désormais le consentement seul exprimé avec les formalités solennelles voulues par la loi suffit pour créer une donation valable ; — d'un autre côté, la translation de propriété s'opère à l'instant même et de plein droit (1), « quand bien même, disait M. Jaubert au tribunat, le donateur en conserverait la possession, sans réserve d'usufruit, ou même sans clause de précaire (2).

Le principe dont nous venons de parler est applicable aux corps certains, aux choses individuellement déterminées, ou même à tous les biens présents ou à une quote-part de ces biens (3) ; il en est de même des créances dont la propriété est transférée quant au donateur, sans qu'il soit besoin de remise de titres et avant toute signification aux débiteurs cédés. Pour les choses de genre, pour les donations d'une somme d'argent, par exemple, d'un cheval *in genere*, de tant de mesures de blé....., il est évident qu'il n'y a pas transla-

---

(1) M. Bigot de Preameneu, disait dans l'exposé des motifs du *Texte des Donations et Testaments :* « Plusieurs dispositions de l'orden. de 1731, sont relatives à la tradition du fait des biens donnés. Cette formalité avait été établie dans plusieurs Coutumes, mais elle n'était point en usage dans les pays de Droit écrit ; elle n'ajoute rien ni à la certitude, *ni à l'irrévocabilité des donations entre-vifs.* La règle du Droit romain, qui regarde les donations comme de simples pactes, est préférable, elle écarte des difficultés nombreuses et sans objet. La donation, dûment acceptée, sera parfaite par le seul consentement des parties, et la propriété des objets donnés sera transférée au donataire, sans qu'il y ait besoin d'autre tradition. » Locré xı, p. 372 et s.

(2) Locré xı, p. 437.

(3) Car, dans ce cas encore, un droit de propriété est transféré quoique le partage soit nécessaire pour déterminer le droit préexistant de chaque copropriétaire.

tion de propriété au moment du contrat, cependant la donation est parfaite, parce qu'elle a donné naissance à une
créance.

Du premier des principes que nous venons de rappeler,
nous avons tiré cette conséquence : que dans notre législation
la maxime : *donner et retenir ne vaut*, ne pourrait remplir
le but pour lequel elle avait été autrefois établie. Nous conclurons maintenant du second, que si la maxime avait été admise dans le Code, elle ne produirait aucun résultat juridique.
Qu'on la prenne, en effet, avec la signification et la portée
qu'elle avait à l'origine, il est certain qu'elle sera impuissante,
car on peut parfaitement ne donner que l'usufruit ou la nue-
propriété (899); avec la signification qu'on lui donna postérieurement, c'est-à-dire avec la nécessité d'une tradition réelle
ou feinte pendant la vie du donateur comme partie substantielle de la donation, il faudrait arriver à la violation de
l'art. 938, qui déclare que cette tradition est désormais inutile. Donc, elle devrait s'éclipser devant des textes précis et
formels qui sont en contradiction avec elle; en définitive,
puisque logiquement elle ne doit avoir aucune influence sur
notre législation, il faut se garder d'en tenir compte dans
l'interprétation des articles du Code Napoléon.

Cette proposition paraît étrange au premier abord, aussi
je ne l'ai présentée que comme conséquence des deux principes nouveaux de notre Droit. Maintenant, fort de cette première preuve, j'ose formuler ma pensée d'une manière nette
et précise : Je vais essayer d'établir que les dispositions de
notre Code, présentées généralement comme découlant de la
maxime : *donner et retenir ne vaut*, émanent tout simplement des principes élémentaires du Droit. Elles auraient donc
existé, lors même que la maxime coutumière n'aurait jamais
été connue. J'ajoute, toutefois, que la différence entre cette
doctrine et celle qui est généralement adoptée n'est pas bien
grande; qu'elle n'existe le plus souvent que dans les mots, car
les auteurs ne peuvent pas attribuer à la maxime une autre
signification que celle indiquée par le chancelier d'Aguesseau (1).

(1) V. *suprà*, p. 30 et 31.

Il nous faut, pour démontrer la proposition que nous avons émise, étudier successivement les dispositions de la loi, que les auteurs rattachent à la vieille maxime du Droit coutumier.

Du caractère d'actualité et d'irrévocabilité dans les donations.

L'art. 894 définissant la donation entre-vifs, la présente comme un acte (il fallait dire un contrat) par lequel le donateur se dépouille *actuellement* et *irrévocablement...*

Dans le système que nous combattons, il faut, pour bien entendre ces locutions, présenter divers commentaires. Il faut tout d'abord observer que ces mots : *se dépouille actuellement*, pourraient prêter à l'amphibologie ; qu'il ne faut pas croire que le Code exige l'abandon immédiat de la possession de la part du donateur, comme l'avaient voulu les Coutumes, puisque l'art. 949 permet la donation avec réserve d'usufruit. — Le mot *irrévocablement* présente aussi des difficultés, car il semble exclure toute condition dans les donations, même les conditions purement casuelles, ce qui doit être repoussé par le texte précis de l'art. 951. — On dit cependant : tous les contrats donnent naissance à des obligations, et par conséquent à des droits dont l'existence est fixée au moment même, et que la volonté capricieuse de l'obligé ne pourrait détruire, diminuer ou changer ; ces droits sont donc créés *actuels* et *irrévocables* sous un certain rapport. Si ceux du donataire n'avaient point une autre nature, si l'irrévocabilité, notamment, ne devait pas être plus stricte et plus sévère, pourquoi le législateur aurait-il cru devoir présenter l'actualité et l'irrévocabilité du dépouillement du donateur, comme le signe caractéristique de la donation entre-vifs? Il est donc évident que cette irrévocabilité est ici plus sérieuse ; elle découle, en effet, de la règle : *donner et retenir ne vaut.* — Ce qui le prouve, d'ailleurs, c'est que sous le Code, comme sous l'ordonnance, non seulement les conditions purement potestatives sont prohibées et rendent nulle la donation, mais encore les conditions potestatives de la part du donateur, quelles qu'elles soient; ce qui n'a pas lieu dans les autres contrats.

Je repousse tout d'abord l'argument tiré des conditions potestatives, car j'espère prouver qu'il ne faut pas ici admettre une solution contraire au texte formel de l'art. 944, qui parle des conditions dont l'exécution dépend de la *seule* volonté du donateur.

J'explique, en second lieu, pourquoi le Code a dû parler du dépouillement actuel et irrévocable du donateur, lorsqu'il a défini la donation, et je fais observer que c'est uniquement à cause de la définition qu'il allait donner du testament. — Le législateur, commençant l'exposition des règles par lui tracées pour les libéralités, avait distingué deux modes de dispositions à titre gratuit ; il était alors naturel de faire connaître les signes caractéristiques qui distinguaient ces deux modes l'un de l'autre. C'est ce qui a été fait dans les art. 894 et 895. Le simple rapprochement de ces deux articles fait ressortir cette vérité : si d'un côté le donateur dispose pour aujourd'hui, *se dépouille actuellement*, le testateur *dispose pour le temps où il n'existera plus*. — Le donateur fait un acte *irrévocable*, le testateur *un acte qu'il peut révoquer*. Et, en effet, le testament n'est qu'un projet qui ne devient un acte juridique que par la mort du testateur ; donc, jusqu'à ce moment, il peut être changé, modifié, détruit même selon le caprice du disposant. Quel est, jusqu'au décès du testateur, le droit du légataire? Ce n'est pas même un droit conditionnel, ce n'est que l'espérance d'un droit qui demain peut-être sera détruit. Donc, le testateur disposant pour le moment où il ne sera plus, ne s'est dépouillé ni *actuellement*, ni *irrévocablement*. — Dans la donation, comme dans tous les contrats à titre onéreux, il en est autrement. Au moment de la donation un droit est créé pour le donataire conditionnel peut-être ; mais qu'importe! pourvu que la condition soit indépendante du caprice du donateur ; car la condition n'aura qu'un effet : déclarer que le droit a existé ou n'a pas existé *ab initio;* que par conséquent, le donataire a pu ou non en disposer, le céder, le vendre, le transmettre à ses héritiers. C'est en ce sens que son droit est actuel et irrévocable. En admettant l'explication que nous venons de donner, on voit disparaître l'amphibologie que les expressions *actuellement* et *irrévocablement* pouvaient faire naître. Du reste, on adopte cette interprétation pour déterminer la portée du mot *actuellement*; pourquoi la repousser pour *irrévocablement* qui, mis en présence de *qu'il peut révoquer*, de l'art. 895, fait ressortir d'une manière évidente la pensée du législateur?

Notre démonstration ne saurait être anéantie par cette objection, que dans les travaux préparatoires du Code on aurait rattaché quelquefois à notre maxime le principe de l'irrévocabilité des donations; parce que notamment M. Jaubert aurait dit, dans son rapport au tribunal : « Il est de l'essence de la donation entre-vifs qu'elle soit irrévocable : *Donner et retenir ne vaut.* » Nous ne devons point oublier, en effet, quel sens et quelle portée avait la maxime, dans le dernier état de notre ancienne jurisprudence; que, suivant d'Aguesseau, elle était en quelque manière de Droit naturel. Ce n'est donc que dans ce sens qu'elle peut avoir été citée dans les travaux préparatoires, et il ne faut pas en tenir compte. — Cette objection, d'ailleurs, ne prouverait qu'une chose à savoir : que la maxime a eu une influence sans portée, une influence de langage, et non pas une influence juridique. — Et l'on pourrait répondre victorieusement que les dispositions qui découlent, dit-on, de la maxime, s'expliquent par les principes les plus simples et auraient existé sans elle. Cela est si vrai, que dans le pays de Droit écrit on proclamait aussi, avec la loi romaine, le principe d'irrévocabilité des donations entre-vifs. C'est ainsi que Domat disait, ayant dans l'esprit la pensée même de l'art. 894 : « *Quoique la* donation soit une » libéralité, *elle est irrévocable* comme les autres con- » ventions *quæ si fuerint perfectæ teneré revocari non » possunt* (§ 2, Inst., *de Donat.*) *Ut statim velit accipien- » tis fieri, nec ullo casu ad sereverti* (L. 1. D. *de Donat.*) » *oportet eum vel minimè ad hoc prosilire, vel cùm ad hoc » venire properaverit non quibusdam excogitatis arti- » bus suum propositum defraudare* (L. 35, § 5. C. *de » Donat.*) (1). »

(1) Domat, *Lois Civiles*, tit. x, sect. 1re, n° 32, p. 93.

De la nullité des donations de biens à venir.

Je vais maintenant entreprendre une démonstration qui, au premier abord, semble impossible : il s'agit de rattacher aux principes ordinaires la disposition de l'art. 943, qui prohibe la donation des biens à venir. Je ne me dissimule pas ce qu'il paraît y avoir de téméraire dans mon entreprise, surtout en présence de l'art. 1130, qui dit bien clairement que les choses futures peuvent être l'objet d'une obligation ; il semble, en effet, qu'on doive arriver nécessairement à une antinomie. Cependant, cette antinomie n'est qu'apparente, elle n'est que dans les mots et nullement au fond des choses. En effet, il faut entendre l'art. 943 lorsqu'il parle des biens présents, de telle sorte qu'il comprenne sous ce nom les choses futures dont parle l'art. 1130, et qui sont reconnues comme pouvant faire en principe l'objet d'une obligation. S'il en est ainsi, il est incontestable que l'art. 943 n'est pas une disposition exceptionnelle du Droit commun.

Quelles sont les choses futures, qui, d'après l'art. 1130, peuvent faire l'objet d'une obligation ? Ce sont celles qui existent au moins en espérance ; l'obligation ne pourrait se former s'il en était autrement, car elle manquerait d'un objet certain. C'est ainsi qu'on signale comme obligation valable ayant pour objet des choses futures, celle qui porte sur les fruits à naître à telle époque déterminée, sur les bénéfices à réaliser dans telle société, dans telle entreprise, etc..... Il en serait autrement, par exemple, de l'obligation qui aurait pour objet les bénéfices à réaliser dans une société non encore formée et où je me propose d'entrer. Ces bénéfices n'existent pas même en espérance, car la société pourra ne pas se former et je serai libre moi-même d'y entrer ou non. L'obligation serait donc doublement nulle, et comme manquant d'objet, et comme soumise à une condition purement potestative de la part de l'obligé.

Cette précision faite, revenons à l'art 913, qui prohibe la donation des biens à venir. Que faut-il entendre par biens présents et biens à venir, dans le sens de cet article? Nous devons donner à ces termes la même signification que dans l'art. 15 de l'Ordonn. de 1731. Voici comment Furgole l'avait exposée : « Lorsque les biens ne sont pas au pouvoir du donateur, et qu'il n'a aucun droit ni aucune action pure ou conditionnelle pour les prétendre *ou pour les espérer*, c'est le véritable cas des biens à venir dont il est défendu de faire des donations. (1) » Sous le Code, nous pouvons donc interpréter l'art. 943 de la même manière et dire, avec M. Marcadé, qui, du reste, fait découler lui aussi l'art. 943 de la maxime: *donner et retenir ne vaut :* « Ces expression sont un sens tout spécial pour la matière des donations,..... L'expression de : biens présents, offre donc ici un sens bien plus large que dans les cas ordinaires : elle embrasse toutes les choses, toutes les valeurs sur lesquelles il est possible, au donateur, de conférer immédiatement un droit certain. Il n'est pas nécessaire, pour qu'il y ait donation de biens présents, que le donateur ait actuellement la chose et en transfère de suite la propriété, il suffit qu'il puisse conférer et qu'il confère effectivement, quant à cette chose, un droit, soit *in re*, soit *ad rem,* que la donation fera naître immédiatement, et que ce donateur ne pourra pas anéantir ensuite (2). » Ces principes sont clairs et faciles à saisir, ils sont généralement adoptés. C'est ainsi qu'on décide que la donation est valable, si elle a pour objet les fruits qu'une terre produira l'an prochain (3). De même, je puis attribuer, par donation, à celui à qui j'ai donné un fonds sous réserve d'usufruit, la récolte de l'année de mon décès (4). Je puis encore donner les bénéfices que me procurera, dans un temps déterminé, la société que je viens de former (5).

Dans tous les cas dont nous venons de parler, ce qui fait l'objet de la donation doit être rangé dans la classe des biens

(1) *Donations,* Comment. de l'ordon. de 1731, art. 15, p. 126.

(2) Marcadé, *Élémente de Droit civil français,* t. III, art. 943 r.

(3) *Ibid.* Duranton, t. VIII, n° 459. Coin. Delisle, 943, n° 4, etc.

(4) Arrêts de la Cour de Cassat., Du 22 pluviose an II, 14 floréal an XI, 27 février 1810.

(5) Marcadé, 943 r. Duranton, t. VIII, n° 460. Coin. Delisle 943, n° 4.

présents, et serait cependant une chose future dans le sens de l'art. 1130.

Prenons maintenant des exemples opposés : Je vous donne les biens que j'acquerrai pendant deux ans. Cette dona-tion est nulle, car elle a pour objet des biens à venir, c'est-à-dire, sur lesquels le donateur n'a aucun droit ni actuel, ni conditionnel. Mais observons, en même temps, que ces biens à venir ne pourraient pas faire l'objet de tout autre contrat, d'une vente, par exemple, car elle ne ferait naît** pour l'ac-quéreur aucun intérêt appréciable. La loi ne reconnaît pas les engagements dont l'objet est indéfini. Non seulement, ils donneraient naissance à de nombreuses contestations impos-sibles à terminer ; mais, encore, par le fait même de la con-vention, l'acquéreur pourrait n'avoir aucun droit si le ven-deur n'avait rien acquis pendant le temps fixé. Ce ne sera pas, il est vrai, l'art. 1130 qui annulera cette vente de choses fu-tures, mais bien l'art 1129, et quelquefois même l'art. 1174. — C'est en vertu de ces principes, qu'il faudrait faire tomber la vente de tous les biens que je laisserai à mon décès, car il est évident qu'il n'est pas possible, soit au vendeur, soit à l'acheteur, d'apprécier l'étendue de la chose qui fait l'objet de la convention ; il est évident que cette chose peut être réduite à rien. S'il en est ainsi pour la vente, est-il donc étonnant (en faisant abstraction de la maxime : *donner et retenir ne vaut*), qu'il en soit de même pour la donation, et ne peut-on pas dire que cette donation est prohibée par les principes or-dinaires ?

Observons qu'il faudrait porter une décision différente, pour le cas de vente, comme pour celui de donation, si la disposition portait sur tous les immeubles que j'ai actuelle-ment, ainsi que sur ceux que j'acquerrai dans la suite. En matière de donation, l'art. 943 fait alors l'application de la maxime *utile per inutile non vitiatur*, et maintient la dona-tion des biens présents en frappant de nullité celle des biens à venir ; il présume qu'il n'y a pas eu indivisibilité dans l'in-tention des parties. En matière de vente, il est évident que celle des immeubles que j'acquerrai dans la suite est nulle, en vertu de l'art. 1129 ; mais quelle raison pourrait-on trouver pour annuler la vente des immeubles qui m'appartiennent actuellement. La seule raison sur laquelle on pourrait s'appuyer, consisterait dans le prix unique qui aurait été stipulé pour la vente de tous les biens ; mais il serait facile au juge de faire une ventilation après avoir estimé les biens présents, la vente devrait donc subsister pour partie absolument comme la donation ; pourvu, toutefois, que la convention n'eût pas été en fait indivisible comme dans l'espèce de l'arrêt du 13 février 1828, cela a été reconnu par la cour de Limoges (1).

Le parallélisme est complet, les donations suivent les mêmes règles que les autres contrats, quelque espèce qu'on veuille discuter. La raison en est que tous les contrats à titre onéreux doivent, ainsi que la donation, faire naître des droits actuels et irrévocables. Il n'y a pas vente si le vendeur se réserve la propriété de la chose vendue, ou le droit d'en priver l'acquéreur quand il le jugera à propos ; de même qu'il n'y a pas donation « si le donateur peut, comme disait d'Aguesseau, se réserver la propriété des choses données dans le temps qu'il les donne, ou le droit d'en dépouiller le donataire quand il le jugera à propos ; et en ce sens la maxime est en quelque manière de droit naturel.» En ce sens, nous ajouterons : la maxime doit s'appliquer à tous les contrats, car tous doivent être des actes sérieux. Toutes ces choses nous paraissent d'une admirable simplicité et d'une concordance parfaite.

C'est peut-être pour n'avoir pas fait cette précision, que les auteurs ont présenté quelquefois des solutions étranges en matière de donation de sommes d'argent ; car ils voulaient attribuer une force juridique à cette prohibition de donner les biens à venir, qui, au premier abord, semble contenir une exception au Droit commun. — La donation d'une somme d'argent payable au décès du donateur est certainement valable, car elle donne naissance à l'instant même à un droit actuel et irrévocable en faveur du donataire. L'exercice de ce droit n'est retardé que par un terme, et en même temps le donateur est irrévocablement lié quoiqu'il fasse ; sans doute il peut devenir insolvable, mais qu'importe ? la créance du donataire n'en subsiste pas moins, et il la fera valoir contre sa

(1) Dallez, 1820. 2. 61.

succession. N'en serait-il pas de même, si je vous avais vendu une maison au prix de 20,000 fr., qui ne vous seront payés qu'à ma mort? Oui, sans doute, car le prix est désormais irrévocablement certain. — *Quid* si la donation était faite d'une somme d'argent à prendre sur les biens que le donateur laissera à son décès, sur les biens qu'il possédera dans six ans? La situation est ici toute différente; quoique l'objet de la donation soit déterminé, l'obligation du donateur et la créance du donataire ne sont pas actuelles et irrévocables, puisque, si la succession ne possède rien, par suite des prodigalités ou des folles dépenses du donateur, la créance deviendra sans objet; puisque, dans la seconde espèce, si le donateur ne possédait rien dans six ans, toute poursuite serait impossible sur les biens qu'il acquerrait postérieurement. Il est évident qu'alors la situation juridique du donataire est dans les mains du donateur; la donation est soumise à une condition potestative (944-1174). En poursuivant toujours le parallélisme que nous avons déjà signalé entre la donation et les autres contrats, nous dirons que si la somme d'argent formant le prix d'une vente avait été stipulée de la même manière, il faudrait décider également que la vente serait nulle, en vertu de l'art. 1174: l'obligation de l'acheteur ne serait pas actuelle et irrévocable. — Il faut cependant ajouter, soit pour la donation, soit pour la vente, que la rigueur de la solution de principe devrait fléchir, s'il résultait des autres dispositions de l'acte que la clause: *à prendre sur les biens que je possèderai dans six ans, à moins décès*, renferme plutôt un terme qu'une condition, car rien n'empêcherait plus la naissance immédiate de l'obligation.

En adoptant la théorie dont nous avons essayé de démontrer la simplicité et la vérité, toutes les questions sur cette matière se résolvent facilement. Les auteurs ne l'ont point admise, nous l'avons dit, et dans le but d'attribuer une portée juridique à la prohibition de donner les biens à venir, ils ont été conduits à des résultats inadmissibles. C'est ainsi que M. Grenier (1) veut, pour que la donation d'une somme d'argent payable à terme soit valable, que des immeubles présents

(1) *Traité des Donations*, n° 8.

soient spécialement hypothéqués par l'acte même. M. Vazeille (1) demande aussi des garanties sur les biens présents ;
mais il est évident que l'existence du Droit ne peut être com-
promise en principe par le défaut de garanties ; aussi la Cour
suprême a cassé une décision conforme à cette doctrine (2). —
La donation d'une somme d'argent, payable au décès du donateur, doit-elle être déclarée nulle comme donation de biens
à venir, si au moment de la donation le donateur ne possède
ni la somme donnée, ni des biens équivalents ? Non, évidemment, car le droit existe actuel et irrévocable, créance qui
ne sera poursuivie qu'au décès du donateur, il est vrai, mais
que ses héritiers devront acquitter entièrement, alors même
qu'il n'aurait pas laissé des biens suffisants. Le droit du donataire est donc certain, incontestable. S'il en était autrement,
il faudrait dire que le cautionnement, par exemple, fourni
par une personne qui ne possède rien si l'on veut, mais que
l'on a acceptée parce qu'on comptait sur sa probité et sur son
industrie, que ce cautionnement, dis-je, ne donne pas naissance à un droit actuel et irrévocable ; et l'on ne dira pas
cependant que ce cautionnement soit nul, alors même que
l'on voudrait soutenir, ce qui serait faux, qu'il a pour objet
une chose future, car les choses futures peuvent faire l'objet
d'une obligation (1130). On arriverait ainsi à cette doctrine
absurde et ridicule : *qu'une obligation peut exister sans
qu'elle donne naissance à un droit corrélatif au moment
même où elle se forme.* Si le cautionnement a donné naissance à un droit incontestable, il en est de même de la donation dans l'espèce que nous avons supposée : or, lorsque
le donateur se dépouille actuellement et irrévocablement, la
libéralité entre-vifs est valable (894).

Après cela, nous rejetterons, à plus forte raison, la doctrine qui annule la donation d'une somme d'argent payable
au décès du donateur, dans le cas où ce donateur ne laisse
plus les mêmes biens qu'il possédait lors de la donation.
Cette solution, en effet, nous conduirait à dire que toute donation de sommes d'argent valable à l'origine, et dès lors irré-

(1) *Donations*, art. 943. n° 2 et 3.
(2) 8 juillet 1822, V. Marcadé, art. 943, n.

vocable, peut être révoquée postérieurement par le seul caprice du donateur : ce qui serait la négation du principe même sur lequel on s'appuie (1).

Je puis maintenant, pour résumer cette discussion, dire avec M. Marcadé, qui, il ne faut pas l'oublier, rattache comme tout le monde l'art. 943 à la maxime : *donner et retenir ne vaut* : « La donation de biens présents n'est pas seulement » celle de biens appartenant *actuellement* au donateur : c'est » toute donation par laquelle le donateur confère au dona- » taire un droit actuellement certain, et que ce donateur » n'est pas libre de révoquer : un droit par la collation du- » quel il se lie immédiatement et de manière à ne pouvoir se » délier ensuite (2). » J'ajoute seulement que tout cela est également vrai en matière de vente, d'échange et de tous au- tres contrats à titre onéreux, car ils doivent tous créer des droits actuels et irrévocables, bien qu'ils puissent avoir pour objet des choses futures.

Après avoir prouvé, du moins je l'espère, que la donation peut porter sur les choses futures qui peuvent faire l'objet d'une obligation ordinaire, il nous reste à préciser ce que si- gnifie l'art. 943, et à expliquer pourquoi il a été écrit dans le Code, quoiqu'il doive être entendu d'après le Droit com- mun.

Sous l'empire de l'ordonnance de 1731, il est incontestable (la lecture des anciens auteurs suffit pour s'en convaincre), qu'on entendait par donations de biens à venir, des dona- tions universelles ou d'une quote-part de l'universalité. Je n'en veux pour preuve que ce passage de Furgole : « On peut » même induire des mots *aucune donation.....*, que les dis- » positions de notre texte doivent avoir lieu par rapport aux » donations *particulières*, lesquelles, tout comme celles qui » sont générales ou d'une quote, ne peuvent pas être faites » d'un bien à venir (3). » Ce n'est que par voie d'induction que Furgole croyait pouvoir appliquer aux donations d'objets particuliers, la prohibition faite pour les donations universel-

(1) Marcadé, t. iii, art. 943, n.

(2) Marcadé,   *ibid.*

(3) *Donations*, i, Comment. de l'o.d., art. 13 p. 123.

les ou d'une quote-part. Il est même à remarquer qu'il ne
s'en occupe que pour arriver à l'examen de la question de savoir
si, dans le cas de donation d'une terre avec réserve d'usufruit, on
pourrait ajouter que « les arrérages des rentes ou fermes qui se
» trouveront dus au donateur, à raison de cette terre, appar-
» tiendront au donataire et seront compris dans la donation
» de la propriété de ladite terre (1). » Après cela, nous ne
voyons plus nulle part qu'il soit question de donations particulières de biens à venir. — En n'envisageant donc que les
donations universelles ou d'une quote-part, la prohibition de
l'art. 943 s'expliquera facilement, par cette simple observation,
que l'objet de la donation serait toujours une chose incertaine
et indéterminée, dépendant, en outre, du caprice du donateur ; ce qui suffit bien, d'après les principes généraux, pour
entraîner la nullité (1129 et 1174), sans qu'il soit nécessaire
d'avoir recours à la maxime : *donner et retenir ne vaut.*
Dans la législation romaine, on n'a jamais contrevenu à ces
principes, pas même sous Justinien, quoiqu'en aient dit nos
anciens auteurs et la jurisprudence du pays de Droit écrit. En
effet, tous les textes sur lesquels on se fonde pour soutenir
que la donation des biens à venir était permise, s'appliquent
à des donations de biens présents et ne peuvent pas être étendus au delà. Ainsi, la Loi 35, § 4, C. *de Donat.*, sur laquelle
on s'appuie, parle bien d'une donation universelle, mais de
tous les biens présents, puisque Justinien dit, d'une manière
expresse, que le donateur devra livrer tout ce qu'il a promis
*coartari donatorem, legis nostræ auctoritate, tantum, quan-
tum donavit præstare* (2).

Si nous passons aux donations particulières de biens à
venir, l'application des principes de Droit commun en entraî-
nera la nullité, bien que l'art. 943 n'ait pas voulu en parler.
Et il en serait de même si une donation de cette nature était
faite dans un contrat de mariage ; les anciens principes, en
effet, et le texte même de l'art. 1082, prouvent qu'on ne s'est

(1) Furgole, *Donat.* 1, *ibid.*

(2) M. de Savigny dit en parlant des donations de biens présents et à
venir : « En Droit romain, un pareil acte est, suivant moi, radicalement
nul. » *Traité du Droit romain*, trad. de M. Guenoux, t. iv, § 159, p. 116.

pas occupé de cette donation. Parmi les auteurs, M. Duranton (1) est le seul de l'opinion que nous avons émise, il cite même plusieurs arrêts contraires. Cependant, il m'est impossible d'admettre que le législateur ait jamais voulu sanctionner une donation ainsi faite : « Je vous donne ma maison A, mais comme bien à venir, c'est-à-dire en tant seulement qu'elle sera plus tard dans ma succession et que je n'en aurai pas disposé à titre onéreux, ce que je me réserve. » Une telle libéralité ne fait naître aucune obligation, aucun droit, car elle est soumise à une condition purement potestative (944-1174). Je ne vois pas d'ailleurs comment cet acte illusoire pourrait être nécessaire dans un contrat de mariage : le législateur n'a pas voulu le permettre.

Nous savons quelle est, dans l'art. 943, la signification de ces mots *biens à venir*, et nous nous sommes demandé comment il se faisait que le législateur eut cru devoir écrire une chose si naturelle et qui résultait des principes du Droit commun. La raison en est bien simple : les rédacteurs du Code suivaient pas à pas l'Ordonn. de 1731 qui, dans son art. 15, avait prohibé la donation des biens à venir et étendu la nullité dont elle la frappait jusques sur la donation des biens présents contenue dans la même disposition. Cette rigueur était issue, on peut le dire, de la maxime coutumière : *donner et retenir ne vaut;* mais en ce sens seulement que le principe de la conservation des biens dans les familles avait fait admettre pour tous les cas, abstraction faite de l'intention des parties, une présomption légale d'indivisibilité qui rendait nulles les deux donations. Elle souleva les réclamations des Parlements des pays de Droit écrit ; nous avons dit pourquoi le chancelier d'Aguesseau voulut la maintenir. Cette prohibition fut poussée si loin que Furgole, après avoir examiné la question de savoir si la donation serait valable lorsqu'on aurait eu soin de préciser que si elle ne pouvait valoir pour les biens à venir, elle vaudrait, du moins, pour les biens présents ; après avoir résolu cette question affirmativement, puisqu'il est évident que la disposition n'est plus alors indivisible ; après avoir, enfin, rapporté dans le même sens un arrêt du Parle-

(1) T. VIII, n° 676.

ment de Toulouse et l'opinion de Ricard (*Donat.*, 1re part,, n° 1024), que Furgole, dis-je, ajoutait : « Cependant, on ne » peut pas se fier ni à la tradition de Ricard ni au préjugé du » jugement du 7 juin 1743, puisqu'il a été cassé par arrêt du » conseil de février 1745 (1). »

En présence de ces dispositions de notre ancien Droit, le législateur de 1804 adopta une solution différente, car il s'inspirait de principes nouveaux et n'avait pas besoin de la maxime coutumière dont il avait annihilé toute la force, en abandonnant les anciennes théories sur la réserve d'usufruit, les clauses de constitut et de précaire. On lit dans l'exposé des motifs du titre des Donations : « Il est plus naturel de présumer que le donateur de biens présents et à venir n'a point eu intention de disposer d'une manière indivisible, la donation ne sera nulle qu'à l'égard des biens à venir. » Dans cette situation, il était nécessaire de présenter une disposition qui vint déroger d'une manière positive aux principes de l'art. 15 de l'ordonnance de 1731. C'est ce qu'a fait l'art. 943.

Je ne me fais point illusion cependant, et après avoir essayé de prouver que la maxime n'a et surtout ne doit avoir aucune influence juridique sur les dispositions de l'art. 943, je dois reconnaitre qu'historiquement il en a été autrement peut-être. — Sans doute, la maxime coutumière interprétée comme l'avait fait d'Aguesseau, n'aurait été qu'une lettre morte dont on n'aurait eu rien à craindre; il est certain cependant, quelle que fut sa portée, que c'est elle qui avait servi à justifier la prohibition de donner les biens à venir. On disait généralement : ces biens ne sont pas susceptibles de tradition réelle ou feinte, donc ils ne peuvent être donnés. Et dans les travaux préparatoires du Code on a dit : » L'irrévocabilité (que l'on rattachait à la maxime) s'oppose à ce qu'une donation entre-vifs puisse comprendre des biens à venir (2). » Ces faits sont certains et incontestables, il serait ridicule de les nier. Sont-ils cependant d'une telle nature que sans eux la prohibition de donner les biens à venir n'eut pas été admise, et que faisant abstraction des principes de

(1) *Donations*, Comment. de l'ord., art. 15, p. 142.
(2) Rapport de M. Jaubert au Tribunat, Locré, t. vi.

— 47 —

Droit commun et créant une exception à ces principes, le législateur eut toléré la donation des biens à venir? Ceci nous amène à l'étude *in abstracto* de la prohibition de donner cette espèce de biens.

On a permis dans notre ancienne jurisprudence, et sous le Code Napoléon, de faire des donations de biens à venir, ainsi que de biens présents et à venir, par contrat de mariage et en faveur des futurs époux. On comprend, en effet, que pour de telles dispositions, qui sont des traités de famille, on jouisse de la plus grande liberté et que l'on ne soit point tenu d'observer « les règles qui distinguent, d'une manière absolue, les donations entre-vifs des testaments. Le père qui marie ses enfants s'occupe de leur postérité, la donation actuelle doit donc être presque toujours subordonnée à des dispositions sur la succession future (1). » Les contrats de mariage participent ainsi de la nature des actes entre-vifs et de celle des testaments; et cela devait être, parce qu'il fallait rendre les mariages possibles, sans exiger le dépouillement du père de famille, et que d'un autre côté, il fallait assurer l'avenir de la nouvelle union. C'est donc avec une juste raison que le législateur a dérogé, en faveur du mariage, aux règles ordinaires.

Fallait-il étendre cette disposition et la généraliser de manière à permettre en principe la donation des biens à venir? — Abstraction faite du passé et en envisageant la question en théorie seulement, il me semble qu'il faudrait la résoudre dans le sens du Code Napoléon.

Une première considération, en effet, frappe l'esprit : c'est que permettre d'une manière générale la donation des biens à venir, c'est bouleverser les lois édictées sur la manière de disposer à titre gratuit, c'est créer un mode à part, participant de la donation et du testament, que le législateur a positivement proscrit. — Cette première observation suffirait pour établir que le Code, abstraction faite de la maxime, ne pouvait pas admettre la donation des biens à venir, sans briser l'harmonie de ses dispositions.

Sans nous y arrêter plus longtemps, nous pouvons remar-

(1) *Exposé des motifs du titre des Donat.*, par M. Bigot de Préameneu. — V. Locré, t. xi.

quer tout de suite, que cette liberté de faire des donations de biens à venir, serait une exception au Droit commun, car l'objet de toute obligation doit être déterminé (1129) et indépendant de l'arbitraire de l'obligé (1174). Or, il n'en est pas ainsi dans l'espèce qui nous occupe. — Il faudrait donc justifier cette dernière exception, en prouver la nécessité.

Cette nécessité ne nous apparaît nulle part, et loin que l'exception pût présenter quelque avantage, nous n'y voyons que des dangers; danger pour le donateur, danger pour le donataire, danger pour les tiers. — En dehors des contrats de mariage, la donation ne répond pas à un besoin véritable. Il est facile de toute autre manière d'exercer la charité, la bienfaisance; la donation entre-vifs de biens présents et le testament peuvent suffire à toutes les situations; tandis que le droit inutile de faire des donations de biens à venir deviendrait dangereux, s'il était exercé. Il serait dangereux pour le donateur, puisqu'il intéressait un tiers à sa mort. N'est-ce point là un des motifs qui ont fait proscrire la stipulation sur une succession future? — Il serait dangereux pour le donataire, qui, comptant peut-être sur ces biens à venir, aurait entrepris des spéculations, contracté des engagements qu'il ne pourrait pas tenir dans la suite, parce que les biens qui lui avaient été donnés se réduiraient à rien après le paiement des dettes du donateur, ce qui le conduirait à sa ruine. — Il serait enfin dangereux pour les tiers, parce que le droit éventuel du donataire, qui peut cependant être annihilé selon la volonté du donateur, lui procurerait un faux moyen de crédit et pourrait entraîner des pertes irréparables.

En présence de ces dangers, de ce bouleversement dans l'ordre des dispositions à titre gratuit, on citera peu d'espèces dans lesquelles il serait utile de conférer à la personne que l'on veut gratifier un droit certain et irrévocable, quoique éventuel et indéterminé. En faveur des enfants, les donations de cette nature ne se feront guère que pour leur établissement par mariage; en faveur des étrangers, elles entraîneraient souvent le sacrifice des intérêts de la famille. Je ne vois donc, au point de vue de l'utilité pratique, aucun intérêt à la liberté illimitée de donner les biens à venir. Qu'importe, d'ailleurs, que cet intérêt pût se rencontrer pour des cas nécessairement très rares ? Le législateur ne devrait point s'en préoccuper. *Quod semel aut bis accidit, prætereunt legis-latores* (1).

Abstraction faite de l'utilité pratique, dont il faut tenir compte cependant dans toute législation bien faite, et devant laquelle il faut savoir faire fléchir la rigueur d'une logique trop absolue, revenons aux principes purs et voyons si rigoureusement ils exigeraient la liberté des donations dont nous parlons.—On pourrait peut-être s'imaginer de dire, que cette disposition n'est point une exception au Droit commun, qu'elle est une déduction pure et simple des principes, et l'on argumenterait pour cela de cette manière : On comprend que dans les contrats à titre onéreux on ait exigé la détermination de l'objet, car les contrats onéreux ont pour base l'équipollence des obligations réciproques. C'est cette équipollence seule qui a dicté l'art. 1129, dans l'intérêt de toutes les parties. Il ne faut point faire sortir cet article de l'ordre de dispositions pour lesquelles il a été créé. Il n'est donc point applicable aux donations dont la bienfaisance est la source.—Cette argumentation n'a rien de solide, rien de sérieux. L'art. 1129 est fait pour tous les contrats, pour le cautionnement, le gage, l'hypothèque, de même que pour la vente, l'échange, etc..... Il est, en effet, de l'essence de toute obligation qu'elle produise un lien sérieux ; or, il n'y a pas de lien lorsque l'art. 1129 est violé. L'art. 1129 pose un principe de Droit naturel, auquel il ne doit être permis de déroger que pour des cas excessivement graves et dans lesquels la volonté de l'obligé, quoique libre juridiquement, se trouve enchaînée par l'effet des circonstances, par l'affection toute spéciale du donateur, comme dans le cas où la donation de biens à venir est faite par contrat de mariage. On ne peut donc point soutenir que le droit de faire des donations de biens à venir ne serait point une exception. Cette exception, comment pourrait-on la justifier ?

Donc, en législation, abstraction faite de tout précédent, la prohibition de donner les biens à venir doit être maintenue. — Nous sera-t-il permis de conclure après cela, qu'en

---

(1) Loi. 6, *D. de legibus senatusque consult.*

droit elle est indépendante de la maxime : *donner et retenir ne vaut ?...*

De l'état estimatif dans les donations de meubles.

Nous avons étudié, avec l'art. 943, quels biens peuvent faire l'objet d'une donation : ce sont les biens présents, mobiliers ou immobiliers. Nous avons maintenant à faire une précision relativement aux meubles. L'art. 948 porte : *Tout acte de donation d'effets mobiliers ne sera valable que pour les effets dont un état estimatif, signé du donateur et du donataire, ou de ceux qui acceptent pour lui, aura été annexé à la minute de la donation.* — Nous trouvons une disposition à peu près semblable dans l'art. 15 de l'ord. de 1731. Il ne faut pas croire que, ni sous l'ordonnance, ni sous le Code, la maxime : *donner et retenir ne vaut* lui ait donné naissance.

A l'origine, la donation entre-vifs d'objets mobiliers n'était parfaite dans les pays coutumiers que par la tradition réelle, c'est incontestable. Lorsque s'introduisit pour les immeubles la tradition feinte par rétention d'usufruit, clause de constitut ou de précaire, il y eut controverse sur le point de savoir, si cette tradition feinte serait suffisante pour les meubles. — Ricard et Furgole nous apprennent que M. Duval, dans son traité deuxième, *De rebus Dubiis*, pensait qu'elle n'était pas suffisante, car les meubles peuvent disparaître très facilement ; quelques Coutumes avaient même consacré cette doctrine, entre autres la Coutume de Sedan, qui portait dans son article 113 que « les donations de meubles ne sont valables » sans la tradition et délivrance réelle et actuelle des choses » données ; » — d'un autre côté, on disait qu'aucune tradition n'était nécessaire à cause du peu d'importance des meubles et de leur facile déplacement. Ricard, qui nous fait connaître ces opinions opposées, ajoutait que sans vouloir établir sur ce point une règle générale et unique, il était plus prudent de s'en tenir au texte de chaque Coutume (1) ; mais il ajoutait en même temps

(1) *Donation.*, 1re partie, n° 960.

que si on avait donné une généralité de meubles sans tradition réelle, la donation serait imparfaite; il dépendrait, en effet, du donateur d'augmenter ou de diminuer les choses données, puisqu'il les garderait en son pouvoir, si, par exemple, il avait donné tous les meubles qui sont dans sa maison. Donc, dans ce cas, il était nécessaire de joindre à la donation un état ou inventaire des choses données. C'était, en effet, le seul moyen de rendre la donation sérieuse et indépendante du caprice du donateur. Cette idée de Ricard fut adoptée par le chancelier d'Aguesseau et passa dans l'ordonnance de 1731 qui portait : « Si elle (la donation) renferme des meubles ou effets mobiliers dont la donation ne contienne pas une tradition réelle, il en sera fait un état, signé des parties, qui demeurera annexé à la minute de ladite donation, faute de quoi le donataire ne pourra prétendre aucun desdits meubles ou effets mobiliers, même contre le donateur ou ses héritiers. » — Ainsi, il résultait de cet article qu'au moment même où la donation était faite, il fallait ou tradition réelle (ce qui était bien suffisant, car les choses données ne pouvaient plus dépendre de la volonté du donateur), ou un état qui faisait connaître l'étendue de la donation et en déterminait l'objet.

Cette innovation eut-elle pour effet de rendre la législation uniforme sur ce point dans les pays de Droit écrit et dans les pays coutumiers ? Non, car dans ceux-ci l'état annexé à la donation ne dispensait pas le donataire d'exiger, du vivant du donateur, la tradition réelle ou feinte; et, d'un autre côté, l'art. 15 ne transportait pas dans les pays de Droit écrit la maxime : *donner et retenir ne vaut*, et avec elle la nécessité de la tradition. C'est ce que Furgole a prouvé avec beaucoup de soin en invoquant l'intention de l'article, qui avait surtout pour but d'empêcher le donateur de rendre la donation inutile; il ne voulait donc rien statuer sur la nécessité de la tradition, nécessité qui n'apparaît pas dans les pays de Droit écrit. « Enfin, ajoute-t-il, il me semble que notre article le décide de même sans équivoque, en ce qu'il n'exige aucune *tradition vraie ou feinte* même pour les meubles; il veut seulement qu'il en soit fait un état par les raisons que j'ai expliquées et qui ne peuvent pas même convenir aux meubles, parce qu'ils ont une assiette permanente.....; qu'ainsi il ne dépend pas du donateur de rendre la donation inutile quoiqu'il n'y ait pas de tradition (1). »

Telle était l'opinion de Furgole qui n'avait pas été étranger à la rédaction de l'ordonnance. Il en résulte que la maxime : *donner et retenir ne vaut*, n'était point sortie de son ancien domaine. Il ne faut donc pas dire que l'art. 948 de notre Code, emprunté à l'art. 15 de l'ordonnance, dérive de la maxime coutumière.

Signalons une différence entre l'art. 948 et l'art. 15 de l'ordonnance; celle-ci n'exigeait qu'un état énumératif et il n'était nécessaire que lorsque la tradition des objets donnés n'avait pas été faite au moment même de la donation; le Code demande un état *estimatif* afin qu'il soit plus facile de calculer : 1° la somme à rapporter si le donataire succède au donateur (868); 2° quelle est la quotité disponible et quelle est la valeur qu'auraient eu les choses données à l'ouverture de la succession, si elles ont péri par la faute du donataire (922); 3° en cas de révocation pour ingratitude, survenance d'enfant, inexécution des conditions, ce que doit rendre le donataire qui aliène ou fait périr tout ou partie des choses données; 4° les dommages-intérêts que pourra devoir au donataire le donateur qui s'est réservé l'usufruit (950).

Le caractère nouveau que l'on doit rencontrer dans l'état annexé, contrarie donc la doctrine de plusieurs auteurs, prétendant que cet état n'est plus nécessaire, lorsque la tradition a été faite *incontinenti;* mais le second but de l'article ne serait pas atteint. Les travaux préparatoires du Code prouvent d'ailleurs que cet état estimatif est nécessaire toutes les fois qu'une donation d'objets mobiliers est faite par acte. En effet, le projet reproduisait la disposition de l'art. 15 de l'ordonnance de 1731: *s'il n'y a point tradition réelle;* ces mots furent supprimés par le Conseil d'État qui, sur la proposition de M. Tronchet, exigea dans tous les cas, l'état estimatif (2). On peut cependant objecter que l'art. 868 prévoit précisément l'hypothèse inverse, puis-

(1) Furgole, *Donat.*, art. 15 de l'Ordonn., pag. 136 et suiv.
(2) Locré, t. xi, p. 226.

qu'il suppose qu'une donation d'effets mobiliers peut exister
à défaut de cet état; — mais il est généralement reconnu que
l'art. 868 ne s'occupe que des dons manuels, qui sont toujours
permis, et non des donations constatées par acte. Il est naturel que l'état estimatif ait été reconnu inutile pour les dons
manuels, qui sont le plus souvent de peu d'importance :
lorsque, au contraire, les parties viennent dresser solennellement un acte de donation, il s'agit bien certainement de valeurs supérieures, dont il faudra tenir compte plus tard dans
l'intérêt de la famille. Et quand ce sont des libéralités, qui
auraient pu être parfaites par la seule tradition que l'on vient
faire constater par un acte, la dernière considération que
nous venons de présenter ne doit-elle pas peser d'un plus
grand poids? Il n'est donc pas étonnant que le Code, prévoyant la pensée du donateur et voulant lui prêter son appui,
ait exigé, dans tous les cas, l'état estimatif. — On pourrait
objecter encore que le retranchement des mots : *s'il n'y a
pas tradition*, peut s'expliquer d'une manière bien simple,
sans arriver au résultat que nous avons signalé. En effet,
si ces expressions avaient été conservées, il en serait résulté
que des donations mobilières pour lesquelles l'acte est toujours nécessaire, car la donation manuelle en est impossible,
auraient été parfaites par acte sans état, si la tradition avait
été suffisante; par exemple, les donations de créances sur
les tiers, de rentes sur l'Etat, de billets non payables au
porteur. C'est ce que le législateur n'a pas voulu ; voilà
pourquoi le retranchement que nous avons indiqué a été
opéré (1). —Cette explication ne saurait contenter l'esprit :
1° parce que l'article ne fait nullement cette distinction et
qu'il exige l'état estimatif pour tous les cas; 2° parce que
cet état produit un effet qu'il ne faut pas perdre de vue, et
que c'est précisément à cause de cet effet, que la suppression des mots : *s'il n'y a pas tradition réelle* a été adoptée.
Il est facile de s'en convaincre en lisant les paroles pronon-
cées par M. Tronchet, au Conseil d'Etat, à la suite desquelles la modification fut faite. Il disait bien clairement : « Toutes les fois que la donation est faite par un acte, elle doit

(1) Marcadé, t. m, art. 919.

être accompagnée d'un titre, *même quand il y tradition réelle*, parce que sans cette précaution, on ne parviendrait point à fixer la légitime des enfants. Comment d'ailleurs, en cas de révocation, le donateur pourrait-il reprendre en nature les objets qui existeraient encore sans cet état? (1) »

Tout ce qui précède met de plus en plus en lumière cette vérité : que l'art. 948 n'a pas été inspiré par la maxime : *donner et retenir ne vaut*. Si l'un de ses effets est d'assurer l'irrévocabilité de la donation, c'est cette irrévocabilité qui doit exister dans tous les contrats et qui est de droit naturel, comme disait d'Aguesseau.

SECTION QUATRIÈME.

Des conditions dans les Donations.

Nous avons vu que le principe d'irrévocabilité, écrit dans l'article 894, ne doit pas être rattaché juridiquement à la maxime : *donner et retenir ne vaut*. Nous allons voir maintenant, encore une fois, une application de ce principe, commun à tous les contrats, dans les dispositions du Code Napoléon sur les conditions que les donations peuvent recevoir.

Lorsque la règle coutumière, qui fait l'objet de cette étude, régnait dans tout son éclat; à l'époque où le dessaisissement du donateur devait être réel et de fait en même temps que de droit, les conditions de toute nature durent être exclues des donations, même les conditions casuelles. Plus tard, nous savons qu'on arriva à distinguer la tradition de droit de la tradition de fait, et l'on commença à se demander si, la tradition de droit étant désormais suffisante pour la perfection de la donation, les conditions casuelles ne pourraient pas être tolérées. — Pendant toute la seconde période, que nous avons caractérisée époque d'hésitation et de tâtonnement, la question demeura flottante, résolue tantôt dans un sens, tantôt dans un autre. Cependant, à mesure que l'ancien esprit de la maxime tombait en décadence, la jurisprudence se formait; les principes se dégageaient, et Ricard les exposait sans hési-

(1) Locré, t xi, p. 226.

lation, mais après de longues discussions qu'il avait cru nécessaires pour dissiper les doutes ou combattre des opinions
erronées ; et il décidait que les conditions casuelles ne contenant rien de contraire à la tradition de droit, devaient être
permises, ainsi que les conditions mixtes, mais qu'on devait
repousser les conditions potestatives *qui ont pour objet la
libre volonté du donateur* (1).

Ce fut peu de temps après la publication des œuvres de
Ricard, que fut rédigée l'ordonnance de 1731. Elle édicta,
dans son article 16, la nullité de toutes les *donations faites
sous des conditions dont l'exécution dépend de la seule
volonté du donateur.* C'était confirmer l'opinion de Ricard
et mettre la législation en harmonie avec la portée nouvelle
de la maxime, qui ne devait plus être envisagée que comme
un principe de droit naturel. La disposition de l'art. 16 a
passé dans l'art. 944 du Code Napoléon, et les applications
que cet article faisait, dans les art. 945 et 946 de notre Code,
le tout à peu près textuellement. Ces articles doivent donc
être interprétés de la même manière que l'art. 16 de l'ordonnance. — L'ordonnance avait eu pour but d'assurer l'irrévocabilité de la donation, mais seulement, nous ne saurions
trop le répéter, cette irrévocabilité que l'on exige dans tous
les contrats, cette irrévocabilité, *principe de droit naturel.*
— Donc, sous le Code, les art. 944, 945 et 946 ne doivent
pas avoir un effet différent.

Ces simples considérations pourraient paraître suffisantes
pour établir la vérité de notre proposition ; mais il nous faut
encore exposer des théories juridiques, car l'art. 944 est la
source de toutes les controverses qui ont pris naissance sous
le Code, au sujet des diverses questions que nous avons exa-
minées. C'est sur cet article, mal interprété, que l'on s'appuie
pour prouver que l'irrévocabilité de l'art. 894 doit être différente de celle que l'on exige dans tous les contrats ; et sans
s'appercevoir que l'on fait un cercle vicieux, on part des dispositions de l'art. 894, entendu comme nous venons de le
dire, pour déterminer la portée de l'art. 944.

(1) Ricard, *des Dispositions conditionnelles,* chapit. 3, section 1re,
n. 191 et s.

Abstraction faite de tout système préconçu, lorsqu'on veut étudier l'art. 944 avec les seules lumières du bon sens, de la raison et de la grammaire, on ne peut s'empêcher de reconnaître que cette phrase : *Toute donation entre-vifs faite sous des conditions dont l'exécution dépend de la* SEULE *volonté du donateur est nulle*, ne veut pas dire autre chose que ce que disait le jurisconsulte Javolenus dans la L. 108, § 1, D. *de V. Oblig.* : *Nulla promissio potest consistere, quæ ex voluntate promittentis statum capit.* Il ne faut pas, en effet, lorsqu'on s'oblige d'une manière sérieuse et juridique, que le lien de droit soit à la disposition de l'obligé, car, en réalité, il n'y aurait pas de lien : *quia non adstringit necessitate contrahentes, obligatio nulla est* (L. 13, C. *De Contrah. Empt.*) — Entendu en ce sens, l'article serait en harmonie parfaite avec les articles 1170 et 1174; il suffirait ensuite de laisser aux tribunaux le soin de déterminer si la condition imposée dépend de la *seule* volonté du donateur. Personne n'aurait à se plaindre de cette interprétation et tout le monde y gagnerait. La loi ne serait point pour la généralité des citoyens une énigme et un piége.

C'est cependant dans un sens tout différent que l'art. 944 est généralement expliqué, et en dépit de la logique et de la grammaire, on sacrifie à une prétendue tradition historique. Il en résulte que la loi ne peut être facilement comprise par tout le monde, bien que tout le monde doive s'y conformer. Nous croyons, nous, qu'il ne faut pas faire au législateur cette injure, et que l'interprétation logique et grammaticale de l'art. 944 est la seule qu'il faille adopter. Du reste, l'art. 16 de l'ordonnance de 1731 devait être interprété de la même manière.

Voyons tout d'abord quelle est la doctrine enseignée presque par tout le monde et sur quoi elle repose. — On se fonde sur un passage de Pothier pour distinguer deux sortes de conditions potestatives : 1° la condition *purement* potestative, qui dépend « de la pure et seule volonté de la personne qui s'engage, comme si je promettais de donner quelque chose à quelqu'un si cela me plaisait : *si voluero*..... Une telle condition ne suspend pas, mais détruit l'obligation (1); » on pou-

(1) Pothier, *Traité des Obligations*, n° 203.

vait dire : l'empêche de naître ; 2° la condition qui fait dépendre l'obligation « de quelque fait qui soit au pouvoir de
celui qui promet......, comme si j'ai promis à quelqu'un de lui
donner quelque chose *si j'allais à Paris* ; » dans ce cas, l'o-
bligation n'est pas détruite « puisqu'il ne dépend pas purement de ma volonté de donner ou de ne pas donner, et que
pour me dispenser de donner, il faut que je m'abstienne d'aller à Paris ; d'où il suit que j'ai contracté une véritable obligation dans le cas où j'irais à Paris (1). » — Cette distinction,
qu'on ne peut point contester en théorie, on essaie de la faire
passer dans notre Code, en disant que l'art. 1170 n'a défini
que la deuxième de ces conditions potestatives ; tandis que
l'. rt. 1174 ne s'occupe que de la première, de la condition
purement potestative, comme pouvant produire la nullité de
l'obligation ; que dans les donations, au contraire, l'art. 16 de
l'ordonnance de 1731 avait voulu parler des conditions potestatives de toute nature ; qu'en effet, le principe *exceptionnel* de l'irrévocabilité des donations n'aurait pas été suffisamment protégé par la seule prohibition de la condition *si
voluero* ; qu'enfin, les auteurs anciens l'avaient toujours ainsi
entendu, puisqu'ils citaient, Ricard notamment, les conditions
suivantes : *Si je vais à Beauvais ; si je me marie ;* qu'il
faut donc convenir que notre Code a subi l'influence de notre
maxime coutumière : *donner et retenir ne vaut,* dans son
art. 944, de même que l'art. 16 de l'ordonnance, influence
regrettable d'ailleurs, ajoute-t-on quelquefois, et qu'il serait
bon de faire disparaître ; qu'enfin, le Code Napoléon lui-même
présente un argument de texte en faveur de cette opinion, car
l'art. 947 nous apprend que l'art. 944 ne s'applique pas aux
donations faites en faveur du mariage ; or, il est évident que
la règle de l'art. 944 serait absolue et ne souffrirait pas d'exception, si elle prohibait seulement la condition purement
potestative.

Voilà l'exposé rapide, mais fidèle, de tous les arguments du
système que nous voulons combattre et qui est en opposition
formelle avec le texte de l'art. 944. Ajoutons immédiatement
que tout en repoussant cette doctrine au point de vue de la
théorie pure, nous nous en écarterons bien peu au point de

(1) Pothier, *Traité des Obligations,* n° 205.

vue pratique. Notre système conduira souvent aux mêmes résultats que celui dont nous allons montrer la fausseté.

Pour prouver combien le système que nous venons d'exposer a peu de fondement, nous n'aurions besoin que de démontrer :

1° Qu'il n'était pas généralement admis, dans notre ancien Droit, que toutes les conditions potestatives rendissent nulle la donation ; j'en ai la preuve dans ce passage de Bourjon : « Mais si la condition était *purement* potestative et dépen- » dante de la volonté du donateur, elle vicierait absolument » la donation, telle condition étant inaliable avec la nature » d'un tel acte, puisqu'elle rendrait le donateur maître de » l'anéantir (1). »

2° Qu'il n'est pas exact de dire que les donations en faveur du mariage, protégées par l'art. 947 contre le principe de l'art. 944, ne puissent pas recevoir des conditions purement potestatives ; puisque l'art. 1086 admet dans ces donations la réserve de la faculté de disposer des objets donnés, ce qui est bien une condition de cette nature.

3° Que le principe d'irrévocabilité sur lequel repose toute la théorie n'est point différent en réalité, pour les donations, ni sous le Code, ni sous l'ordonnance, de l'irrévocabilité exigée dans tous les contrats : ce que nous avons déjà établi surabondamment.

Après cette réponse, la question demeure encore entière, et nous allons la traiter. Nous avons l'intention de prouver :

1° Que lorsque le Code parle de conditions potestatives, il n'a eu en vue que les conditions purement potestatives ; et que les potestatives simples, il les range dans la classe des conditions mixtes.

2° Que la condition potestative du Code, c'est-à-dire purement potestative, ne doit pas être restreinte à la condition *si voluero* ; mais qu'il faudra apprécier en fait, et d'après les cir-

(1) *Droit commun de la France et de la Coutume de Paris*, tit. iv, ch. 5 sect. ii, tom. 2, p. 106 et s. — Voir, dans le même sens, Claude de Ferrières, *Comment. de la Cout. de Paris*, art. 274, n° 4. — M. Mourlon (2° examen, p. 219, note 1) dit aussi : « J'ai lu de vieux auteurs qui n'annulaient la donation qu'au cas où elle était faite sous une condition *absolument* potestative de la part du donateur. »

constances particulières de chaque cause, si la condition imposée empêche le lien de droit de se former, parce qu'elle dépendrait uniquement de la volonté de l'obligé, ce que les tribunaux doivent être chargés de décider.

3° Enfin, que dans l'espèce particulière des donations c'est seulement cette condition potestative qui doit en entraîner la nullité, et non pas les autres conditions potestatives qui sont les conditions mixtes du Code et qui ne dépendent pas de la *seule* volonté du donateur.

Lorsque ces diverses preuves seront faites, il sera désormais bien certain que la maxime : *donner et retenir ne vaut* n'a pas nécessairement donné naissance à l'art. 944, et que sans elle la même disposition existerait dans notre Code.

Une observation préliminaire est indispensable. Il est incontestable que, sous l'empire de l'ordonnance, les donations n'étaient pas déclarées nulles alors seulement qu'elles contenaient la condition *si voluero*, donnée par Pothier comme seule condition purement potestative. Les conditions : *si je vais à Beauvais* (Ricard), *si je me marie*, étaient généralement admises comme produisant ce résultat. D'un autre côté, Bourjon nous dit positivement que les conditions purement potestatives seules entraînent la nullité de la donation, et en même temps il cite comme exemple, non seulement la condition de payer toutes les dettes dont le donateur se trouverait tenu au jour de son décès, mais encore (en note) la condition *si je me marie*. — Claude de Ferrières, dans son Commentaire de la Coutume de Paris (art. 274, n° 3), s'exprime ainsi : « Il faut dire que les donations faites sous des conditions potestatives dépendantes de la volonté du donateur sont nulles, comme si le donateur dit : Je donne à Titius, si je ne vais pas à Rouen ; d'autant qu'il dépend de la volonté du donateur de faire valoir la donation ou de la rendre nulle et sans effet en allant ou en n'allant pas à Rouen. » Et cependant, il professe lui aussi l'opinion de Bourjon, car il dit (n° 4) : « Mais les donations entre-vifs peuvent être faites sous des conditions casuelles, *qui ne dépendent pas entièrement de la volonté du donateur.* » — Comment concilier ces principes et leur application ? — Le seul moyen se trouve dans les propositions que nous venons d'énoncer. Du reste, c'est Ricard qui le décide ainsi.—Voulant indiquer le moyen de distinguer les conditions potestatives, casuelles et mixtes, il s'exprime en ces termes : «La Loi 4, § 1, D. De hered. Instit., donne une règle générale pour pouvoir juger en quel cas une condition doit être estimée potestative, et dit que *l'on doit avoir égard aux particularités du fait* et estimer la possibilité des circonstances particulières qui se rencontrent... *Puto generaliter definiri, utrum in potestate fuerit conditio, an non fuerit : facti potestas est. Potest enim et hæc : si Alexandriam pervenerit, non esse in arbitrio propter hyemis conditionem. Potest et esse, si ei qui a primo milliario Alexandriæ agat, sit interposita* (1). » Toute difficulté va maintenant disparaître, grâce à Ricard et à la loi romaine, car cette précision importante nous permet de concilier les décisions et la doctrine de nos anciens auteurs, et nous indique comment on entendait, sous l'ordonnance, ces mots de l'art. 16 ; *conditions dont l'exécution dépend de la seule volonté du donateur.*

Sous le bénéfice de ces considérations préliminaires, j'aborde mes trois propositions :

1° J'ai dit tout d'abord que dans le titre des obligations conventionnelles, le Code Napoléon ne s'occupe que des conditions purement potestatives, lorsqu'il parle des conditions potestatives et qu'il fait rentrer les autres dans la catégorie des conditions mixtes. Ceci résulte, d'une manière évidente, du rapprochement des articles 1170 et 1174.— L'art. 1174 déclare nulle toute obligation contractée sous une condition potestative de la part de celui qui s'oblige.—Qu'est-ce donc qu'il faut entendre par condition potestative? L'article 1170 le décide : « Celle qui fait dépendre l'exécution de la convention, d'un événement qu'il est au pouvoir de l'une ou de l'autre des parties contractantes de faire arriver ou d'empêcher. »

Dans les mœurs communes, qu'il ne faut jamais perdre de vue lorsqu'il s'agit de l'interprétation des lois, on dit qu'une chose est au pouvoir de quelqu'un lorsqu'il en est le maître, lorsqu'elle dépend entièrement de sa volonté, autant du moins que les choses humaines peuvent le permettre. S'il en est

(1) Ricard, *des Dispositions conditionnelles*, chap. 3, sect. 1er, n° 242.

ainsi, et l'on ne saurait le nier, l'art. 1170 appelle conditions potestatives, celles qui dépendent, humainement parlant, de la seule volonté de l'une des parties contractantes ; et lorsque cette partie est l'obligé, l'art. 1174 déclare l'obligation nulle. Les travaux préparatoires du Code viennent d'ailleurs confirmer ce que nous venons de préciser. L'art. 1174, dans sa première rédaction (alors art. 75), n'annulait l'obligation que lorsqu'elle était soumise à une condition *purement potestative* de la part de l'obligé. Le mot *purement* fut supprimé sur les observations du tribunat. N'était-ce pas parce que l'art. 1170 n'avait défini que la condition purement potestative ? Il doit en être ainsi nécessairement, car tout le monde reconnaît que l'art. 1174 ne prohibe que cette dernière condition. Il doit en être ainsi, ou bien il faut dire que la loi est mal faite ; qu'il n'y a pas concordance entre les articles 1170 et 1174 ; que le tribunat a fait une suppression sans motifs, disons plus, une suppression qui blesse la logique et la vérité, et qu'enfin, ni M. Bigot de Préameneu, dans son Exposé des Motifs, ni M. Favard, dans son Rapport au tribunat, ni l'orateur du Tribunat au Corps législatif, M. Mauricault, qui ont étudié la loi d'une manière toute spéciale, n'ont aperçu un vice si grossier qu'il choque le bon sens. — Que l'on se rassure, il ne faut point en venir à cette extrémité, la loi est bien faite, elle est très logique et il règne une parfaite harmonie entre les articles 1170 et 1174. Pour s'en convaincre, il n'y a qu'à lire avec soin les observations de la section de législation du tribunat sur la suppression du mot *purement* : « Supprimer le mot *purement*, on évitera les difficultés qui pourraient s'élever sur la question de savoir *si telle condition reconnue d'ailleurs pour potestative est ou n'est pas purement potestative*. Cet art. 75 serait peut-être encore plus satisfaisant rédigé de la manière suivante : « Toute obligation est nulle » *lorsqu'elle dépend uniquement* d'une condition potesta- » tive de la part de celui qui s'oblige (1). »

Les mots *purement potestative* eussent été un piège, on aurait voulu peut-être ne les appliquer qu'à la condition *si voluero*, et l'art. 1170 étendait plus loin le domaine de la con-

(1) Locré, tom. xii, p. 262.

dition potestative. Le tribunal décidait d'après l'opinion de Ricard et de la loi romaine, qui est en même temps l'opinion la plus simple et la plus rationnelle ; il savait que la condition potestative doit être appréciée en fait, et il voulait que, lorsque d'après les usages reçus, d'après l'opinion générale, la condition serait uniquement subordonnée à la volonté de l'obligé, que son exécution, comme dit l'art. 1170, serait en son pouvoir, l'obligation fut déclarée nulle. N'est-ce point, en effet, d'après le langage vulgaire et aux yeux de tout le monde, une condition tout à fait dépendante de la volonté de l'obligé, que celle d'aller à Paris, par exemple, si l'obligé, du reste, dans la force de l'âge, habite Saint-Denis : *Potest et esse* disait la loi romaine, *si et qui à primo milliario Alexandriæ agat, sit interposita* (1).

Cette explication admise, et je ne vois pas comment elle pourrait être repoussée victorieusement, il est évident que toute condition pour laquelle la volonté de l'une des parties peut avoir quelque influence, et qui cependant, d'après les mœurs communes, ne dépend pas entièrement de cette volonté, doit être rangée dans la classe des conditions mixtes.

2° La seconde de nos propositions se trouve prouvée par ce que nous venons de dire. La pensée du législateur nous est suffisamment connue ; il est certain, d'après l'art. 1174, que la condition *si voluero* n'est pas la seule qui puisse rendre l'obligation nulle ainsi que le disait Pothier. Les juges auraient à apprécier d'après les circonstances et les faits particuliers de chaque cause, si la condition imposée dépend uniquement de la volonté de l'obligé ; le texte de la loi romaine, le témoignage de Ricard et l'esprit du Code l'ont prouvé. Et cela est parfaitement juste et équitable. — Il est bien vrai, en effet, que si je m'engage à vous payer 1,000 fr. sous cette condition : si je vais à Paris, la condition paraîtra à tout le monde dépendre uniquement de ma volonté, si j'habite tout près de Paris, si je n'ai pour ainsi dire qu'à franchir les barrières, et l'on dira avec raison qu'il n'y a pas un lien véritable.—Ce qui paraît si naturel pour l'espèce que nous venons de poser, n'est-il pas également bien simple et bien évident dans

(1) Lo. 4, § 1 ; *D. de hered. Instit.*

plusieurs autres cas : Un riche propriétaire s'engage à vous payer 10,000 fr. s'il fait bâtir un pavillon dans son jardin, s'il ne coupe pas cette année tel bois taillis, s'il fait ou ne fait pas tout autre acte que tout le monde reconnaîtra comme dépendant uniquement de sa volonté... Ne faudrait-il pas décider de la même manière, si un jeune homme d'une éducation brillante, d'une fortune considérable, jouissant de l'estime de tous, s'engage envers vous à faire ou à ne pas faire quelque chose, *s'il se marie?* Ne peut-on pas dire avec vérité que s'il veut, ou s'il ne veut point se marier, cela dépend uniquement de sa volonté?—Mais à quoi bon multiplier les exemples? Qu'il nous suffise d'ajouter ici ce que dit M. Vazeille dans son Commentaire de notre article 944 (n° 3) : « La pensée de l'homme est peut-être la seule chose dont il soit absolument le maître. En tout, d'ailleurs, sa volonté de faire ou de ne pas faire peut être empêchée ou forcée par la puissance des événements et des personnes. Mais lorsque l'empêchement ou la contrainte possible n'est qu'une chose *très extraordinaire* ou *très peu probable conséquemment*, il ne suffit pas de sa possibilité pour faire juger mixte la condition d'un événement, qui, selon l'expérience du monde et la manière commune de voir, ne dépend que de la volonté du donateur; autrement, il n'y aurait rien de potestatif, tout serait casuel ou mixte. Sans cette observation, l'on peut souvent être incertain sur la distinction de la condition potestative et de la condition mixte. » Cette doctrine si logique, si vraie, si simple, si pleine de bons sens pratique, ne doit pas être restreinte à la donation seule, il faut l'appliquer à tous les contrats, nous l'avons prouvé. On comprend qu'avec ce système il est impossible de faire d'avance, et *à priori*, des catégories de conditions potestatives ou mixtes; il faudrait, pour atteindre ce but, étudier tous les actes humains, tous les rapports sociaux et, après cela encore, serait-on bien sûr que chaque cause n'aurait pas un caractère spécial qui viendrait renverser toutes les classifications? Il faut donc laisser au juge le soin de décider si l'obligation a été ou non sérieusement contractée, si le lien de droit a été véritablement formé.

3° Il ne s'agit plus maintenant que de faire l'application de la théorie générale des conditions aux donations entre-vifs. Il en résultera que si d'un côté nous avons, contrairement à la doctrine des auteurs, étendu le domaine de l'art. 1174 dans des limites justes et convenables ; d'un autre côté, et tout en demeurant dans ces mêmes limites, nous nous rapprocherons en fait de la doctrine générale sur l'art. 944. Notre système n'est donc pas aussi étrange qu'il pourrait le paraître tout d'abord. — Nous n'irons pas, il est vrai, aussi loin que les auteurs et la jurisprudence ; ainsi nous ne prohiberons pas, dans tous les cas, la donation faite sous cette condition : si je me marie, si je vais à Paris. Supposons, en effet, une jeune personne dont l'éducation a été brillante et soignée, mais qui, par un concours malheureux de circonstances, se trouve privée de fortune ; elle fait donation d'une somme d'argent payable à sa mort, *si elle ne se marie pas*, ou bien sous condition que la donation sera résolue *si elle se marie*. D'après l'expérience du monde et la manière commune de voir, on ne peut pas dire qu'il dépende uniquement de sa volonté de se marier ; pour elle, le mariage sera probablement difficile et la condition qu'elle a imposée à sa libéralité peut être réellement très sérieuse. Pourquoi ne la respecterait-on pas ? Pourquoi dirait-on qu'il n'y a pas un lien de droit ? Ce serait nier l'évidence. Les juges pourront donc décider que la condition n'était pas potestative, que son exécution ne dépendait pas de la seule volonté de la donatrice (944) ; ou bien, avec l'art. 1170, ne dépendait pas d'un événement qu'il était en son pouvoir de faire arriver ou d'empêcher. — Prenons un autre exemple : Un octogénaire, habitant à 300 lieues de Paris, fait une donation sous cette condition : Si je vais, ou si je ne vais pas à Paris. L'espèce est encore peut-être plus facile à résoudre que la précédente, la solution sera la même. Toutefois, répétons encore qu'en cette matière il ne faut rien décider en thèse : la question de savoir si telle ou telle condition est ou non potestative n'est qu'une pure question de fait.

Maintenant, pour établir complètement, et de manière à ne laisser aucun doute, ma troisième proposition, je dis, en résumant tout ce qui précède : 1° que le texte de l'art. 944 s'oppose à toute autre interprétation ; 2° que d'ailleurs l'article 10 de l'ordonn. de 1731, d'où notre art. 944 a été tiré, était entendu de la même manière ; ce qui le prouve, c'est que sans cette interprétation les opinions de nos anciens auteurs ne pourraient être conciliées, et il faudrait reconnaître qu'il n'y a pas concordance entre les principes qu'ils enseignent et l'application qu'ils font de ces principes ; d'ailleurs, il n'y a point de doute, Ricard avait tracé clairement les véritables règles d'après les textes du Droit commun ; 3° enfin, que le texte de l'art. 944 est en harmonie parfaite avec les textes des art. 1170 et 1174 ; que par conséquent les dispositions qu'il contient ne sont pas autre chose que l'application des règles ordinaires en matière de conventions.

Quant aux articles 945 et 946, ils ne sont que la conséquence des principes que nous venons d'exposer. Ils fesaient partie, l'un et l'autre, de l'art. 16 de l'ordonnance, ils étaient l'expression de la même pensée. Cette pensée, le législateur de 1804 l'a dégagée et l'a écrite dans l'art. 944, et il en a, lui aussi, fait connaître deux applications importantes sur lesquelles le doute n'était pas possible. — Ainsi lorsqu'on a donné une maison avec réserve d'en disposer à son gré, c'est-à-dire à condition que la donation sera résolue si le donateur en dispose en faveur d'un tiers, la donation doit être déclarée nulle, comme soumise à une condition entièrement dépendante de la volonté du donateur. C'est l'espèce de l'article 946. Une précision est néanmoins nécessaire : si la réserve ne porte pas sur tous les objets compris dans la donation, elle ne sera annulée que pour partie : *utile per inutile non vitiatur.* — Il est inutile de dire que si la réserve est elle-même conditionnelle et indépendante de la seule volonté du donateur, elle sera valable, comme si l'on avait donné une maison avec réserve d'en disposer en faveur d'un tiers : *si ma sœur vient à se marier.* La condition, dans ce cas, n'est plus potestative ; elle est entièrement casuelle.

Si la donation était faite de la manière suivante : je vous donne tous mes biens ou tel domaine, à la charge par vous d'acquitter toutes les dettes que j'aurai contractées à ma mort ou dans 8 ans. — La chose donnée sera diminuée de toutes les dettes dont l'étendue est subordonnée à la volonté du donateur ; il n'y a donc pas un acte sérieux, la donation est nulle, c'est l'hypothèse de l'art. 945. — Si, au contraire,

5

on avait dit : à la charge de payer les dettes présentes, la donation serait valable, car dès l'instant de la donation, tout est irrévocablement fixé. il en serait de même de la condition d'acquitter des dettes futures, dont le chiffre serait déterminé : la donation serait valable, mais pour l'excédant seulement.

Nous pouvons conclure, maintenant, que les art. 944, 945 et 946 n'ont subi aucune influence juridique de la maxime : *donner et retenir ne vaut*. Loin de là, ils en sont indépendants, ils se soutiennent par leur propre force.—Qu'importe, après cela, une tradition peu intelligente et qui ne repose d'ailleurs que sur des mots? — Nos anciens auteurs : il est vrai, expliquaient les mêmes dispositions par la maxime. Il n'y a rien d'étonnant à cela, on y croyait encore, quoiqu'en réalité elle eut beaucoup perdu de son importance, et l'on se contentait de cette raison qu'on ne discutait pas. Aujourd'hui que la maxime coutumière n'a plus aucune raison d'être, et que, contrairement au xviii° siècle, la science du Droit croit pouvoir s'éclairer des lumières d'une critique intelligente, il faut signaler les véritables principes juridiques et ne point se payer de mots vides de sens.

Pour résumer mon travail, je crois être autorisé à dire, que si les travaux préparatoires du Code Napoléon paraissent avoir subi une influence traditionnelle de langage, de la part de la maxime coutumière qui fait l'objet de cette dissertation, du moins les textes même du Code ne l'ont pas subie; et qu'au point de vue juridique on ne peut rencontrer cette influence nulle part, ni dans les éléments constitutifs de la donation entre-vifs (894); ni dans les dispositions qui ont pour objet de décider quels biens peuvent ou ne peuvent pas faire l'objet d'une donation (943), quelles formalités spéciales les donations des meubles exigent (948); ni, enfin, dans les conditions que les libéralités entre-vifs peuvent recevoir (944, 945, 946).

Cette étude pourrait sembler tout d'abord circonscrite dans le domaine de la théorie pure; mais elle peut avoir un grand intérêt au point de vue pratique. Il doit en résulter que puisque notre Code ne s'est point inspiré de l'esprit de nos vieil-

les Coutumes, il faut savoir le sacrifier entièrement et le dé-
laisser dans le domaine de l'histoire, où sa mission sera
d'animer encore et de faire revivre, pour le philosophe et
l'historien, nos vieilles institutions et d'en laisser pénétrer
les secrets. — Mais, pour l'avenir, sachons oublier ce qui ne
doit plus revivre, interprétons nos lois avec le secours des
principes nouveaux, de la logique et du bon sens. De cette
manière, sans nous plaindre d'une législation que nous fa-
çonnons quelquefois nous-mêmes avec des principes morts,
et que nous transformons malgré le législateur, par un
étrange anachronisme, nous interprèterons nos lois civiles
avec liberté et sagesse.

DES EFFETS JURIDIQUES

DES

PACTES

Dans la Législation Romaine.

PRÉLIMINAIRES.

On connaît le signe caractéristique de la législation romaine, cet ensemble de dispositions extérieures et matérielles, formulées d'une manière rigoureuse, qui se sont perpétuées à travers les âges et dont on retrouve les traces jusque sous Justinien. Dans les temps barbares, les institutions sont le plus souvent matérialisées; mais avec les progrès de la civilisation, le matérialisme tombe peu à peu. Il faut donc une cause supérieure : à Rome c'était l'origine patricienne et sacerdotale de toutes les formalités rigoureuses et sacramentelles, pour que la législation en fut encore toute imprégnée après plusieurs siècles de progrès et de civilisation et malgré l'influence de la philosophie et du christianisme.

Les pactes offrent un exemple frappant de ce qui vient d'être rappelé. A l'origine, le libre consentement est impuissant à faire naître des droits et à créer des obligations. Ce n'est que dans la deuxième période de l'histoire du Droit romain que la volonté seule et réciproque des parties donnera naissance à des rapports juridiques et seulement pour des cas rares et les plus indispensables, pour la vente, le louage, la société et le mandat. En dehors de ces espèces déterminées, le consentement des parties n'est pas un contrat, il n'est rien juridiquement. Non point que la loi romaine n'en désirât l'accomplissement, lorsque l'accord des volontés avait été sincère; mais à ses yeux la foi ne paraissait engagée que si es formes avaient été observées. Celui qui les avait négligées était regardé comme n'ayant point agi sérieusement. *Qui ergò stipulationem tanquam civilem modum adstringendæ fidei omiserat, magis videbatur perlusorié egisse, quàm fidem voluisse adstringere* (1).

Toutefois, ce simple consentement des parties avait reçu un nom, on l'appela : *Pactio] Pactum.* — Qu'est-ce donc que le pacte? Ulpien nous le définit : *et est pactio duorum vel plurium in idém placitum consensus.* (L. 1, § 2. D. *De pactis*). C'est donc ce consentement de deux ou de plusieurs sur le même objet qui, par sa nature, produit une obligation véritable au point de vue du Droit pur et philosophique, obligation que le Droit civil aurait pu sanctionner, mais dont il ne s'est point occupé : *Quæ obligationem civilem suâ naturâ producere possit* (2). Ce consentement ne doit donc être compté pour rien dans le domaine juridique.

Tel est le premier âge des pactes dans le Droit romain.

Cependant la jurisprudence, qui s'inspirait des principes de l'équité, sera forcée de s'émouvoir. Elle reconnaîtra que le pacte ne doit pas dans tous les cas être compté pour rien. Si un pacte libératoire *(de non petendo)* avait été consenti; ou bien si tout autre pacte avait été exécuté et que, malgré cela, on intentât une action, ou bien une *condictio indebiti*, pour répéter ce qui avait été payé comme non dû ou payé par erreur, l'équité ne permettait pas qu'on repoussât l'exception tirée du pacte (3). Voici comment cette exception dut se présenter. Ce ne fut point comme une exception *in factum composita*, car le préteur n'avait point parlé de l'exception *pacti conventi* dans son *Album*, ce fut sous la forme d'une exception de dol. Le préteur donna mission au juge de décl-

(1) Heineccius, *Elementa juris civilis secund. ord. Inst.* — *De oblig.,* § 771 à la note.

(2) *Ibid.,* § 775.

(3) Il serait difficile de dire quel est le pacte, qui, le premier, donna lieu à une exception, si ce fut un pacte *de non petendo,* ou tout autre pacte dont l'exécution aurait eu lieu.

der en fait et en droit s'il n'y avait pas eu dol de la part du demandeur. Le juge s'étant prononcé en faveur du défendeur dans diverses circonstances, l'exception devint plus tard *in factum composita*, parce que le point de droit était constant aux yeux de la jurisprudence. Alors le préteur prenant tous les pactes non contraires à la loi et aux bonnes mœurs sous sa protection spéciale écrivit dans l'Album : *Pacta conventa quæ neque dolo malo, neque adversus leges, plebiscita, senatus-consulta, edicta principum, neque quo fraus cui eorum fiat, servabo* (1). On pouvait donc caractériser l'état juridique des pactes, comme le fit plus tard Ulpien, *nuda pactio obligationem non parit, sed parit exceptionem* (2).

En même temps, et peut-être même avant le progrès que nous venons de signaler, on voit apparaître les contrats innommés dérivés des pactes. Lorsqu'une convention contenant des engagements réciproques avait été faite et que l'une des parties ayant foi en la probité de l'autre exécutait sa promesse, le Droit civil crut pouvoir intervenir et donner un effet à la convention que l'exécution prouvait d'une manière évidente. L'accomplissement du pacte synallagmatique eut alors pour effet de créer une obligation civile pour l'autre partie et de donner naissance à une action pour celle qui avait exécuté. Les premières espèces qui durent se présenter eurent probablement pour objet la tradition d'une chose, et par l'analogie de cette tradition avec celle qui servait à constituer un contrat, dans les cas de *mutuum*, de *commodatum*, de *depositum* et de *pignus*, on les investit d'une action et on les appela du même nom, du nom de contrat. Il répugnait, en effet, de laisser dans la classe des pactes les conventions qui donnaient naissance à une action : *Quæ pariunt actiones, in suo nomine non stant, sed transeunt in proprium nomen contractus : ut emptio venditio, locatio conductio, societas, COMMODATUM, DEPOSITUM et CÆTERI SIMILES CONTRACTUS* (3). Tel est le principe. Qu'importe, après cela, que le pacte, devenu

(1) L. 7. § 7. D. *de Pactis.*
(2) L. 7. § 4. D. *de Pactis.*
(3) L. 7. § 1. D. *De Pactis.*

obligatoire par l'exécution de l'une des parties, ne reçoive pas un nom spécial et juridique et ne soit pas protégé par une action particulière! Il suffit qu'il donne naissance à une action, on doit l'appeler contrat. *Sed et si in alium contractum res non transeat, subsit tamen causa, eleganter Aristo Celso respondit esse obligationem : ut puta dedi tibi rem ut mihi aliam dares, dedi ut aliquid facias, hoc* συναλλαγμα, *id est,* CONTRACTUM *esse et hinc nasci civilem obligationem* (1). Ces contrats, dérivés d'un pacte par une réalisation, furent désignés d'un nom générique; on les appela contrats innommés (*contractus innominati*). Les espèces dans lesquelles on pouvait les rencontrer étaient nécessairement très variées; cependant, comme toute obligation est, en dernière analyse, ou de donner ou de faire, tous ces contrats innommés devaient être réduits aux quatre catégories qui suivent : *do ut des, do ut facias, facio ut facias, facio ut des.*

Grâce aux contrats innommés, les pactes ont donné satisfaction aux besoins des relations sociales, car le plus grand nombre des conventions donnent naissance à des engagements réciproques.

A n'envisager maintenant que les promesses unilatérales, nous constaterons les progrès de l'équité sur le Droit barbare. Les pactes seront quelquefois investis d'une action; ils produiront tous les effets d'un véritable contrat, et cependant on leur conservera le nom de pactes, parce qu'ils n'apparaissent que plus tard dans le domaine juridique. Les contrats innommés avaient été de bonne heure protégés par une action; à l'imitation des contrats réels, ils conservèrent seuls le nom de contrat.

Le préteur fut le premier à interposer son autorité pour confirmer et rendre obligatoires quelques pactes plus importants, plus nécessaires aux transactions sociales. Ces pactes furent appelés pactes prétoriens (*pacta prætoria*); le Droit honoraire leur avait donné tous les effets des véritables contrats. Ces pactes étaient : le constitut, l'hypothèque, la délation du serment, etc...

Dans d'autres circonstances, où l'équité et l'intérêt général

(2) L. 7. § 2, D. *de Pactis.*

ne ne se trouvaient point engagés d'une manière aussi immédiate que dans les espèces précédentes, le préteur n'avait pas osé corriger le droit civil; ce furent les empereurs qui l'entreprirent, et les pactes, auxquels ils accordèrent le droit de faire naître des actions, furent, pour cette raison, appelés *pacta legitima*. Cependant, malgré l'intervention du législateur, ces pactes, qui eurent désormais toute la force des contrats, n'en reçurent point le nom, parce que depuis longtemps la liste des contrats était close. Au nombre des pactes légitimes, il faut indiquer la donation *(donatio)*; la promesse de dot *(pollicitatio dotis)*, etc.....

Les pactes devenus contracts innommés, les pactes prétoriens et les pactes légitimes furent-ils les seuls qui donnèrent naissance à des actions? Non, il faut y comprendre encore les pactes adjoints *(adjecta)* qui se trouvaient insérés à un contrat de bonne foi, au moment même où ce contrat se formait. Pourquoi donc en était-il ainsi? La raison se devine bien aisément. Une disposition du Droit civil ou honoraire n'avait pas été nécessaire pour cela; car l'application toute seule des principes devait amener ce résultat. Les contrats de bonne foi donnaient toujours naissance à des actions de la même nature, qui s'étaient introduites sous l'influence des principes du Droit des gens et de l'équité. L'*intentio* de la formule toujours *incerta* dans ce cas, imposait au juge le devoir d'accueillir toutes les prétentions des parties, sans qu'elles eussent été spécialement énoncées dans la formule. Il jugeait d'après l'équité, donc il devait concilier toutes les prétentions découlant de la même cause ou s'y rattachant. Or, le pacte ajouté à un contrat de bonne foi, au moment de sa formation, était une partie intégrante de ce contrat au point de vue de l'équité, il était lui aussi la loi du contrat; comment donc le juge aurait-il pu ne pas en tenir compte? C'était donc l'action elle-même du contrat qui protégeait le pacte. Cette théorie, simple et facile, est consacrée par les textes : *quinimò interdùm format ipsam actionem, ut in bonæ fidei judiciis : Solemus enim dicere pacta conventa inesse bonæ fidei judiciis* (1). *In bonæ fidei contractibus ità*

----

(1) l. 7, § 8, D. *De Pactis.*

demum ex pacto actio competit, si incontinenti fiat (1).

Nous avons maintenant fait connaître tous les pactes qui, par les progrès de l'équité sur le formalisme rigoureux du droit, furent protégés successivement par des actions et favorisèrent l'exécution des conventions. Ces pactes ont été désignés d'un nom générique; on les a appelés : pactes non nus *(pacta non nuda, vestita)* et, par conséquent, tous les autres : pactes nus *(pacta nuda)*. La législation prétorienne et la législation civile croyaient avoir fait assez; elles pensaient que, pour les cas qu'elles n'avaient pas prévus, les exceptions naissant des pactes nus seraient suffisantes.

CHAPITRE Ier.

Des Pactes nus.

SECTION PREMIÈRE.

Des Pactes nus en général.

Tous les pactes qui ne sont point investis d'une action, sont des pactes nus; tous ceux qui ne dégénèrent pas en contrats innommés par l'exécution de l'une des obligations, qui ne sont pas joints à un contrat de bonne foi, au moment même de sa formation, ou que le préteur et la législation civile n'ont pas cru devoir protéger exceptionnellement par une action, rentrent dans cette catégorie. Ils forment donc la règle générale, quoique peut-être en fait moins nombreux que les autres.

Le pacte nu pouvait être exprès ou tacite. Exprès, il résultait du concours spécial et certain des volontés prévoyant un fait ou une dation, *quid fieri dariec*, sans qu'il fût nécessaire que la convention fût écrite, car l'écriture n'aurait été qu'un moyen de preuve, et une preuve de toute autre nature aurait produit le même effet (2) — Tacite, on le faisait résulter d'un consentement présumé : *sed etiam tacito consensu con-*

(1) L. 13. C. de Pactis.
(2) L. 17. C. de Pactis.

venire intelligitur (1). Si, par exemple, le créancier en vertu d'une obligation *litteris* a remis à son débiteur son *chirographum*, appelé aussi d'un nom plus général *cautio*, il est présumé lui avoir remis son obligation, c'est-à-dire avoir promis par un pacte de ne point demander le paiement, *et ideo, si debitori meo, reddiderim cautionem, videtur inter nos convenisse; ne peterem, profuturamque ei conventionis exceptionem placuit* (2). La raison de cette solution est facile à saisir : l'écrit, le *chirographum*, d'après les principes romains, contient non seulement la preuve de l'obligation, mais encore l'obligation elle-même ; donc s'il est rendu, par conséquent anéanti, l'obligation disparaît, et avec elle le droit corrélatif du créancier ; *cujus ratio est, quod chirographum, continet in se jus obligationis, proinde co reddito, videtur reddi jus et obligatio* (3). Si cependant, après cette remise du titre le créancier l'avait de nouveau en sa possession et qu'il voulut intenter une action, cette action, que la rigueur du droit permettrait parce que l'écrit *continet in se jus obligationis*, serait repoussée par l'exception prise du pacte tacite. Nous pouvons citer encore, comme exemple du pacte tacite, l'espèce suivante : le créancier d'une hérédité a intenté une action contre l'acheteur de cette hérédité qui, de bonne foi et spontanément, a accepté le rôle de défendeur. Si plus tard le vendeur est poursuivi par le même créancier à raison de la même dette, il opposera l'exception du pacte tacite que l'on suppose intervenu entre le créancier et l'acheteur et qui doit être utile au vendeur, car l'acheteur avait un intérêt au pacte tacite, à cause de l'action récursoire du vendeur, *exceptione taciti pacti, non inutiliter defenderis* (4). — Il ne faudrait pas voir cependant un pacte tacite de remise de la dette, dans la restitution du gage que le créancier aurait faite à son débiteur ; si la dette n'avait pas été acquittée, on pourrait toujours en poursuivre le paiement, à moins de convention contraire. La raison en est que le gage n'est qu'un accessoire de

(1) L. 2. in pr. D. de *Pactis*.
(2) L. 2. § 1. D. de *Pactis*.
(3) *Perezius, Prælectiones in codicem de Pactis* n° 2.
(4) L. 2 C. de *Pactis*.

la dette, et que l'accessoire peut bien disparaitre sans le principal ; le droit résultant du contrat de gage sera donc anéanti, mais rien de plus (1).

Quelles choses peuvent faire l'objet d'un pacte? Distinguons ce qui a rapport au droit public et ce qui ne regarde que l'intérêt privé. Le pacte ne peut toucher au droit public et le changer en aucune façon. *Jus publicum privatorum pactis mutari non potest* (2). C'est pour cela que Modestinus nous dit, dans la Loi 34, D. *de Pactis*, qu'on ne peut répudier par un pacte son droit d'agnation, sa qualité de *sui juris : jus adgnationis non posse pacto repudiari, non magis quam ut quis dicat* NOLLE SUUM ESSE, *Juliani sententia est.*

Dans les limites du droit privé, tous les pactes sont permis, sauf les prohibitions que nous ne pouvons passer sous silence. Tout pacte qui viole la loi ou blesse la bonne foi et les bonnes mœurs, est réprouvé et ne peut produire aucun effet. Le préteur disait dans son édit : *Pacta conventa quæ, neque dolo malo, neque adversus leges, plebiscita, senatus-consulta, edicta principum, neque quo fraus cui eorum fiat, facta erunt, servabo* (3).

Faisons l'application de ces principes. Tout pacte qui résulte d'une cause illicite est prohibé : ainsi celui qui porte à commettre un crime, un vol, un homicide, et même celui qui a pour but d'éviter ce crime, car *si ob maleficium* NE FIAT, *promissum sit, nulla est obligatio ex hâc conventione* (4), et la raison en est que c'est un devoir pour chacun de s'abstenir du crime : *Pacta quæ turpem causam obtinent, non sunt observanda, veluti si paciscar* NE FURTI AGAM, VEL INJURIARUM SI FECERIS : *expedit enim timere furti, vel injuriarum pœnam* (5). C'est en vertu des mêmes principes que plusieurs jurisconsultes ont répété : *illud nulla pactione effici potest : ne dolus præstetur* (6). Il n'est pas besoin d'ajouter qu'il en

---

(1) L. 3. D. *de Pactis.*
(2) L. 38. D. *de Pactis.*
(3) L. 7. § 7. D. *de Pactis.*
(4) L. 7, § 3, D. *de Pactis.*
(5) L. 27, § 4, D. *Ibid.*
(6) L. 27, § 3, D. *de Pactis.*; L. 17, in pr. D. *de Commod.*, L. 1, § 7, D. *Deposit.*

serait tout autrement, si le fait illicite était déjà commis et
que l'on fit remise de l'action à laquelle le délit aurait donné
naissance ; car alors, *non ad publicam læsionem, sed ad
rem familiarem respiciunt.....* *Nam et de furto pacisci lex
permittit* (1). Serait contraire à la bonne foi, le pacte fait
pour éviter l'issue incertaine d'un procès, lorsqu'une partie
savait qu'elle avait été déjà condamnée et le cachait à l'autre,
id pactum mala fide factum, irritum est (2). — Comme
contraire aux bonnes mœurs, citons le pacte fait sur la succession d'un homme vivant, qui ne donne point son consentement actuel et persistant jusqu'à sa mort (3). Il est vrai
que les jurisconsultes Paul et Pomponius (4) nous indiquent
pour raison de cette prohibition : que ce qui n'existe pas ne
peut faire l'objet d'une convention. Cette raison est essentiellement juridique ; mais elle est insuffisante, puisque le pacte
dont nous parlons était exceptionnellement permis lorsqu'on
obtenait le consentement de celui sur la succession de qui on
traitait. Aussi, nous trouvons dans les textes (5) la raison
des bonnes mœurs pour défendre les pactes de cette nature,
lorsque le consentement ne venait pas concourir. — Justinien
lui-même nous fait connaître en ce sens le motif de sa décision : *sed nobis omnes hujusmodi pactiones odiosæ esse
videntur, et plenæ tristissimi et periculosi eventus : quare
enim quodam vivente et ignorante de rebus ejus quidam
paciscentes conveniunt ? Secundum veteres itaque regulas
sancimus, omnimodo hujusmodi pacta, quæ contra bonos
mores inita sunt repelli et nihil ex his pactionibus observari* (6). C'est ce danger pour le *de cujus*, ce *votum mortis*,
qui intéressait les parties, et qui plus bas est appelé *acerbissima spes*, qui est contraire aux bonnes mœurs et qui
rend le pacte inutile. S'il venait à disparaître, lorsque le *de
cujus* avait connaissance du pacte et l'autorisait, ce pacte était

(1) L. 7, § 14, D. *de Pactis*.
(2) L. 9, C. *de Pactis*.
(3) L. 3, C. *de Pactis*.
(4) L. 1 et 7, D. *de Hered. et actio. vend.*
(5) L. 4. C. *de Inutil. stipul.*
(6) L. 30, C. *de Pactis*.

valable : *tunc etenim sublata acerbissima spe, licebit eis, illo scienle et jubente hujusmodi pactiones servare* (1). Ajoutons que dans ce cas, le pacte, quoique valable, ne devait pas nuire à un droit supérieur du *de cujus*, le droit de disposer de ses biens par acte entre-vifs et par testament. Voilà pourquoi le pacte sur une succession future devait encore remplir une autre condition pour être valable : *et in eâ (voluntate) usque ad extremum vitæ spatium perseveraverit* (2).

Le jurisconsulte Paul, au Liv. 1, tit. 1, de ses Sentences, présente, en peu de mots, dans le § 4, les principes que nous venons d'exposer.

SECTION DEUXIÈME.

Effets juridiques des pactes nus.

§ 1ᵉʳ. — De l'exception qui naît des Pactes.

Au premier rang des effets produits par les pactes nus, *qui aliquid momenti habent*, il faut placer l'exception, nous l'avons déjà dit, et en cela nous n'avons fait que répéter les textes des jurisconsultes *sed parit exceptionem*. Pourquoi ce résultat ? parce que, dit-on, le pacte donne naissance à des obligations naturelles, et que toute obligation naturelle est protégée par une exception. Cette théorie, généralement admise, a été récemment critiquée par M. Holtius, professeur de Droit à Utrecht, dans un article *sur l'Obligation naturelle dans le Droit romain*, inséré dans la *Revue de Législation* (3). Après avoir étudié sa doctrine, nous avons cru dedevoir l'adopter ; ce qui nous conduit à signaler deux erreurs dans le système enseigné jusqu'à présent, sur l'exception à laquelle le pacte donne lieu : Nous croyons, en effet, 1° que le pacte ne produit pas une obligation naturelle ; — 2° que l'exception n'est pas un des effets caractéristiques de l'obligation naturelle. C'est ce que nous allons essayer d'établir.

1° Nous ne devons pas exposer ici tout ce qui concerne

(1) L. 30. C. *de Pactis.*
(2) *Ibid.*
(3) 1852. T. III, p. 5 et suiv.

l'obligation naturelle, quel est son caractère et quelles sont ses limites à Rome. Nous dirons seulement avec M. Holtius : « que l'obligation naturelle est éminemment un produit du » Droit civil. » Pour qu'elle existe, il faut : « 1° un fait maté- » riel ayant les dehors et l'extérieur pour ainsi dire d'une » obligation romaine ; — 2° ce fait doit être défectueux dans » sa partie principale, qui est l'élément légal ; il doit être en- » taché d'un vice ou d'une circonstance qui l'empêche d'être » *vinculum juris* (1). »

Nous admettons cette doctrine comme certaine, M. Holtius nous paraît l'avoir parfaitement établie : il faut en conclure immédiatement que l'on doit rayer du nombre des obliga- tions naturelles, ce qui résulte des pactes, puisqu'ils ne con- tiennent pas les dehors, l'extérieur des obligations romaines, puisqu'ils ne sont pas des faits contractuels. Nous voulons cependant établir, sans nous appuyer sur cette théorie, que les pactes ne produisent point des obligations naturelles. Les textes des lois romaines vont nous fournir les éléments de preuve.

La stipulation romaine produisant une obligation rigoureuse devait contenir une demande et une réponse verbales et so- lennelles parfaitement concordantes. Si ces conditions n'étaient point remplies, il n'y avait point obligation civile. Il pou- vait cependant exister, malgré les vices de la stipulation, un consentement véritable et réciproque, une simple *conventio* un *nudum pactum.* Quel était alors l'effet de cette stipula- tion manquée, transformée en un simple pacte? Voici ce que dit à ce sujet le jurisconsulte Ulpien : *contrà, si sine verbis adnuisset non tantum... civiliter, sed nec SATURALITER obli- gatur, qui ita adnuit; et ideo recte dictum est non obligari pro eo nec fidejussorem quidem* (2). Cette décision est claire et précise, et si nous en croyons Ulpien, le pacte ne produit pas d'obligation naturelle ; c'est pourquoi le fidéjusseur donné pour assurer l'accomplissement de cette obligation inexistante, ne se trouve nullement lié, car il faudrait au moins une obli- gation naturelle à laquelle viendrait s'adjoindre la fidéjus-

(1) *Revue de Législation*, 1852, t. III, p. 27.
(2) l. 1, § 2, D. *De Verb. oblig.*

sion (1). — Cette solution d'Ulpien se trouve confirmée par d'autres textes. La loi 95. § 4, D. *de Solutionibus*, nous apprend que l'obligation naturelle s'éteint de plein droit par un pacte contraire : *naturalis obligatio... justo pacto... ipso jure tollitur*, parce que le lien d'équité qui forme cette obligation, peut être anéanti par l'équité qui préside au pacte, *quod vinculum æquitatis, quo solo substinebatur, conventionis æquitate dissolvitur*, disait le jurisconsulte Papinien. De là, il résulte que si les pactes produisent des obligations naturelles, ces obligations doivent s'éteindre de plein droit par un pacte contraire; cependant le jurisconsulte Paul enseigne une autre doctrine dans la L. 27, § 2, D. *de Pactis* : *non quidem ipso jure sicut tollitur stipulatio per stipulationem sic actum est... et ideo replicatione exceptio eliditur.* — Qu'est-ce à dire, si le principe de la loi d'Ulpien (L. 1, § 2, D. *de Verb. Oblig.*) est vrai, sinon que le pacte ne donne point naissance à une obligation naturelle ? — En effet, la différence entre le pacte et l'obligation naturelle est sensible; dans l'espèce de la loi d'Ulpien, il s'agit de briser un lien d'équité *vinculum æquitatis*; le pacte, au contraire, ne lie personne; le simple consentement ne donne jamais lieu à une action; il est, comme s'il n'existait pas, dans le domaine juridique; ce n'est pas autre chose qu'un fait, *quia in stipulationibus jus continetur*, dit le jurisconsulte Paul dans la loi précitée, *in pactis factum versatur*. L'esprit comprend qu'un droit, qu'un rapport juridique puisse être anéanti de la même manière qu'il a été créé — stipulation par stipulation — fait contractuel, produisant au point de vue de l'équité et du droit du préteur, une action véritable (comme l'obligation de l'esclave traitant sur les biens compris dans son pécule), en un mot, lien d'équité, *vinculum æquitatis*; par une convention que l'équité a dictée, et qui, après avoir détruit le *vinculum æquitatis*, ne subsiste plus elle-même que comme un fait impuissant à créer des rapports juridiques; — mais il est impossible de concevoir qu'un fait puisse être anéanti par un autre fait; or, le pacte n'est pas autre chose qu'un fait *(in pactis factum versatur)*; il n'établit pas même aux yeux du droit honoraire un lien

(1) L. 6. § 2, D. *de Fidejuss.*

d'obligation. Si un pacte contraire au premier est consenti par les mêmes parties, il ne s'établit encore aucune relation juridique, nous avons seulement deux faits en présence; c'est là ce qu'expliquait Perezius : *Factum verò, cum juris civilis non sit, sed facti tantum viribus nitatur, infirmum est, adeo ut non operetur hoc jure, sed adjuvatur à prætore, datâ exceptione, vel replicatione, quâ objectâ seu facto hominis judicio oppositâ, actio eliditur* (1). Et voilà pourquoi il est vrai de dire que le pacte n'est pas détruit *ipso jure* par un pacte contraire; le jurisconsulte Paul en a donné laconiquement la raison la plus vraie, *quià in stipulationibus jus continetur, in pactis factum versatur.* Voilà pourquoi il est également vrai de dire que le pacte n'a pas pour effet l'obligation naturelle, puisqu'il existe entre elle et la conséquence du pacte une différence notable. Ainsi, le principe posé par Ulpien dans la L. 1, § 2, D. *de Verb. oblig.*, se trouve démontré : *si sine verbis adnuisset... nec naturaliter obligatur.*

2° Si nous voulions renoncer un instant à la démonstration que nous venons de présenter, nous pourrions prouver qu'il ne faut pas conclure nécessairement de l'exception qui protége le pacte à l'obligation naturelle, comme conséquence de ce pacte, en disant que le caractère propre de l'obligation naturelle est de créer une exception. Cette doctrine, en effet, est erronée. Quels sont les textes qui nous disent formellement que l'obligation naturelle est protégée d'une manière spéciale par une exception? Ne trouvons-nous pas tout le contraire dans les lois du Digeste? — Paul et Julien voulant indiquer le moyen de reconnaître l'obligation naturelle par les effets qu'elle produit, nous disent : *Naturales obligationes, non eo solo æstimantur, si actio aliqua eorum nomine competit; verum etiam eo si soluta pecunia repti non possit* (2). Les obligations naturelles ou bien donnent naissance à une action prétorienne (et ce sont les plus nombreuses), ou bien elles empêchent tout au moins, d'une manière immédiate et directe, la répétition d'un paiement dans le cas,

(1) Perezius, *Prælectiones in codicem, de Pactis*, n° 20.
(2) L. 10. D. *de Oblig. et act.*; — L. 16. § 4. D. *de Fidejussoribus*

par exemple, d'un fils de famille qui a emprunté, contrairement au Senatus-consulte Macédonien. Quoique la loi civile anéantisse alors, dans un but d'intérêt général, la *condictio* naissant du *mutuum*, si le *pater familias* ratifiant ce contrat paie le créancier, ou si le fils lui-même devenu *sui juris* effectue le paiement et ratifie son contrat en temps opportun, on ne pourra répéter ce qui aurait été payé pour éteindre l'obligation naturelle, par une *condictio indebiti* que le préteur refuserait (1). Donc les textes nous font connaître, que ce qu'on doit signaler comme conséquence de l'obligation naturelle, ce n'est pas une exception, c'est une action ou un refus d'action. — Le pacte, au contraire, *obligationem non parit, sed parit exceptionem;* la règle était certaine *ne ex pacto actio nascatur* (2). Il ne faut donc pas dire que l'exception lui est accordée pour protéger l'obligation naturelle à laquelle il donne naissance. Cette argumentation ne serait pas rigoureuse, puisque nous venons de voir que l'exception n'est pas un des effets *caractéristiques* de cette obligation.

Si l'exception a été accordée au pacte, c'est en vertu d'autres principes et nous avons vu comment ce progrès de l'équité sur le Droit formaliste s'était accompli. Lorsqu'un pacte libératoire, par exemple, avait été consenti; si le créancier, que les principes rigoureux du Droit civil reconnaissaient encore comme tel (3), intentait une action, le débiteur dut

---

(1) C'est ainsi que je crois pouvoir interpréter cette loi, qui a donné lieu à tant de commentaires et sur laquelle on est loin de s'être mis d'accord (V. *Revue de Législation*, 1852, t. iii, p. 20 et suiv.) Ce qui me confirme dans mon interprétation, c'est le texte qui vient immédiatement après celui que je viens de citer : En effet, le jurisconsulte Julien, après avoir dit que par obligations naturelles il faut entendre non seulement celles qui donnent lieu à une action, mais encore (*verum etiam*) celles qui empêchent la répétition du paiement, ajoute : Dans ces cas, quoiqu'il soit plus difficile de faire comprendre qu'il y ait des débiteurs naturels, on peut cependant le dire par extension; alors ceux qui reçoivent d'eux le paiement, ne reçoivent en réalité que ce qui leur est dû, *nam licet minus propriè dicantur naturales debitores, per abusionem intelligi possunt debitores et qui ab his pecuniam recipiunt, debitum recepisse.* (L. 16, § 4, D. de *Fidej.*)

(2) L. 7, § 5, D. de *Pactis.*

(3) *Prætered debitor si pactus fuerit cum creditore, ne à se peteretur, nihilominùs obligatus permanet, quia pacto convento, obligationes non*

opposer à l'origine l'exception de dol, *quia inquum erat contra pactionem condemnari* (1). Cette exception devint dans la suite une exception *in factum composita*, que le préteur inséra dans son *Album*, parce que les décisions de la jurisprudence avaient été d'accord sur le point de savoir, s'il y avait dol de la part du demandeur, pour cela seul qu'il intentait une action contrairement au pacte. Ce fut ainsi que l'on put dire que le *nudum pactum exceptionem parit;* qu'un simple fait, un pacte *(qui non parit obligationem)*, produisit un effet dans les relations juridiques. L'exception fut désormais son caractère propre. — Supposons qu'après un premier pacte *de non petendo*, un autre pacte contraire ait été consenti. Nous avons déjà énoncé cette espèce; c'est celle de la L. 7, § 2, D. *de Pactis: Pactus ne peteret, postea convenit ut peteret;* et nous avons dit que le pacte n'est pas détruit de plein droit *ipso jure*, par un pacte contraire, de même qu'une stipulation par une stipulation; car le pacte est un fait et un fait ne peut se détruire. Nous avons donc simplement deux faits en présence. — Dans cette situation, si le créancier vient intenter son action, le débiteur pourra opposer le pacte *ne peteret* et obtenir une exception; mais le créancier demandera à son tour une exception à cette exception (réplique) *quia iniquum est creditorem excludi* (2). La pensée qui avait motivé l'exception, motive aussi la réplique, c'est une pensée d'équité. Ce n'est que de cette manière que devait être entendu et exécuté le principe écrit dans la L. 12, C. *de Pactis* par l'empereur Alexandre Sévère: *Pacta novissima servari oportere, tàm juris, quàm ipsius rei æquitas postulat.*

Avant de passer à ce qu'on a présenté comme un autre effet du pacte, nous devons nous arrêter à l'exception et la considérer sous deux points de vue, car elle peut être *in rem* ou *in personam*, ainsi que le pacte qu'elle est destinée à protéger.

---

omnimodo dissolvuntur. Quod de caus.l effica x est adversus eum actio qua actor intendit: Si paret eum dare oportere (Inst., *de Except.*, § 3).

(1) Inst., *de Except.*, § 3.

(2) Inst. *de Replicat. in prin.*

Le pacte de *non petendo* IN REM a pour objet une libération pure et simple, pleine et entière. Il peut donc être in-
voqué par la voie d'exception par tous ceux qui y ont intérêt;
ainsi non seulement par le débiteur principal avec qui le
pacte a été consenti, mais encore par ses fidéjusseurs, *itaque
debitoris conventio, fidejussoribus proficiet* (1); *igitur et si
reus pactus sit in rem omnimodo competit exceptio fidejussori* (2).

Le pacte *de non petendo in personam*, n'a pas pour but
la libération pure et simple, l'extinction de la dette, mais
seulement la libération de l'un des débiteurs; par suite l'exception ne peut être invoquée que par celui en faveur de qui
le pacte a été consenti, elle ne pourrait pas l'être même par
ses héritiers : *Personale pactum ad alium non pertinere
quemadmodum nec ad heredem Labeo ait* (3). Dès lors, le
pacte *de non petendo* consenti à l'un des fidéjusseurs, ne
peut être utile ni au débiteur principal, ni autres fidéjusseurs, parce que le fidéjusseur n'a voulu qu'une chose, n'être
point poursuivi personnellement, peu lui importait que le
débiteur et ses cofidéjusseurs le fussent (4). Il en est de même,
si le pacte n'a été accordé qu'au débiteur principal d'une manière expresse *ut duntaxat à reo non petatur, à fidejus-
sore petatur* (5). Cette précision, cette limitation est très-
importante, car si Titius avait consenti un pacte *de non
petendo* à un débiteur principal, et qu'il allât ensuite actionner le fidéjusseur, celui-ci aurait immédiatement un recours
contre le débiteur principal, qui se trouverait indirectement
poursuivi par Titius. Si donc on n'avait point précisé que
Titius pourrait actionner le fidéjusseur, qu'il ne s'interdit de
poursuivre que le débiteur principal *seulement*, comme dans
l'espèce de la L. 22. D. *de Pactis*, le fidéjusseur pourrait
trouver dans le pacte une exception, car cette exception est
nécessaire à la parfaite exécution de la convention (6); c'est ce

(1) L. 21, § 5. in fine, D. de Pactis.
(2) L. 7, § 1, D. de Except.
(3) L. 21, § 1. D. de Pactis.
(4) L. 23. D. de Pactis.
(5) L. 22, D. Ibid.
(6) Il en serait autrement si l'action récursoire du fidéjusseur était im-

que précise la Loi 23 *in fine* D. *de Pactis*. La convention, dit cette loi, peut être utile, quoique faite avec un tiers, c'est lorsque par l'intermédiaire de la personne à qui l'exception est accordée, elle tourne au profit de celle en faveur de qui le pacte avait été consenti *cum alio conventio facta prodest : sed tunc demùm, cum per eum, cui exceptio datur, principaliter ei, qui pactus est, proficiat : sicut in reo promittendi et his qui pro eo obligati sunt.*

Si nous supposons une obligation corréale dans laquelle sont comprises plusieurs obligations subjectives, tandis qu'il n'y en a qu'une quant à l'objet, le pacte *de non petendo*, consenti à l'un des débiteurs, n'aura libéré de la dette que lui personnellement; car il n'a pas intérêt à ce que ses débiteurs *correi* soient libérés, le paiement qu'ils feront plus tard, ne leur donnerait aucun recours contre lui (1). Mais *quid* si ces débiteurs *correi* étaient en même temps *socii?* L'un d'eux étant attaqué, aurait évidemment un recours contre ses co-débiteurs, dès lors il faut faire l'application du principe de la L. 23 *in fine*, et le pacte consenti en faveur de l'un des co-débiteurs, doit être utile à tous; sans cela celui qui a obtenu le bénéfice du pacte en serait privé par l'action récursoire du co-débiteur attaqué. C'est ce qu'a décidé la L. 25 *in prin.* D. *de Pactis*. La loi 24 *(eod. tit.)* consacre encore la même doctrine par suite des rapports du fidéjusseur et du débiteur principal, lorsque le fidéjusseur *in rem suam spopondit*, c'est-à-dire s'est engagé pour une affaire où il avait intérêt, où il était en réalité le principal obligé, comme dans l'espèce suivante : *Si a marito fundus dotalis petatur, in rem suam fidejussuram mulierem* (2). Le pacte libératoire fait avec un tel fidéjusseur est présumé fait avec le débiteur, *cum reo factum esse videtur.*

Prenons maintenant l'espèce opposée; il s'agit d'une obligation corréale encore, mais de plusieurs *correi credendi*, dont l'un a consenti un pacte *de non petendo* envers le dé-

---

possible *forte si donandi animo fidejusserit*, le fidéjusseur ne jouirait pas de l'exception *non prodesse exceptionem fidejussori.* (l. 32, D. *de Pactis*).

(1) Argum. de la l. 10. D. *de Duobus reis.....*

(2) l. 8, § 1, D. *Qui satisdare.......*

biteur. La créance, une quant à l'objet, est multiple quant aux créanciers ; l'un de ces derniers, en se désistant de son droit, n'a pas pu faire que la dette fut éteinte, ou du moins que les autres *correi credendi* fussent dépouillés et pussent être écartés par une exception. La dette, en effet, est toujours la même ; chaque créancier avait le droit de poursuivre le paiement *in solidum.* S'il n'a pas abdiqué ce droit, il le conserve (1). Il en serait toujours ainsi, quand même le pacte serait *in rem*, il ne devrait jamais nuire aux autres *correi credendi. Si unus ex argentariis sociis cum debitore pactus sit : an etiam alteri noceat exceptio?* Neratius, Atilicinus, Proculus : NEC SI IN REM *pactus sit, alteri nocere* (2). Quelle est la raison de cette solution? C'est que, continue le jurisconsulte Paul : *tantum enim constitutum ut solidum alter petere possit ;* chaque créancier avait bien voulu donner mission aux autres de poursuivre le débiteur pour obtenir l'exécution effective de l'obligation, mais non pour lui faire une libéralité que le pacte *de non petendo* pourrait cacher. Si l'un des *correi credendi* peut éteindre la dette par une acceptilation (3), c'est que l'acceptilation atteste que l'on a reçu. Il ne faudrait donc pas conclure d'un cas à l'autre ; il n'y a pas analogie, la différence est bien sensible. — C'est une différence de la même nature, quoique moins évidente et moins palpable, qui avait amené la distinction suivante : Il était des personnes qui auraient pu recevoir un paiement et n'auraient pas pu cependant faire une novation ; c'étaient là pourtant deux modes civils d'éteindre les obligations. Dans l'un et dans l'autre on trouve une exécution de cette obligation ; mais tandis que le paiement ne pouvait jamais nuire au créancier, puisqu'il n'aurait pas obtenu lui-même plus que l'exécution effective de sa créance, la novation modifiant la situation dans laquelle il se trouvait, transformant ses relations juridiques, aurait pu tourner à son désavantage. Voilà pourquoi le fils de famille, qui pouvait acquérir pour le *pater*

(1) Remarquons qu'il importe peu dans l'espèce que les *correi credendi* soient *socii* ou *non socii*, car il n'y a pas alors à appliquer une règle analogue à celle de la L. 23, D. *de Pactis.*

(2) L. 27, *in prin.*, D. *de Pactis.*

(3) L. 13, § 12, D. *de Acceptil.*

familias, pouvait recevoir un paiement; mais ne pouvait faire une novation. *Filius patris actionem, ignorante eo, novare non posse* (1). *Nam nec novare alium posse, quamvis ei recte solvatur. Sic enim et his qui in nostrâ, potestate sunt rectè solvi quod crediderint, licet novare non possint* (2). — Ce principe me paraît très facile à saisir. Refuser la faculté de nover à celui qui ne doit pas retirer le bénéfice effectif de l'obligation, bien qu'il puisse recevoir le paiement, ce n'est pas mettre en doute sa bonne foi, c'est seulement garantir au créancier véritable que ses rapports juridiques ne pourront être modifiés à son désavantage, sans son consentement. Nous trouvons une application de cette doctrine dans la L. 10. D. *de Noval.* Il s'agit dans l'espèce de cette loi, d'une stipulation dans laquelle il est question d'un *adjectus solutionis gratiâ : Si mihi aut Titio stipulatus sim;* et l'on décide que ce Titius à qui le paiement pourrait valablement être fait, ne pourrait pas nover l'obligation : *Nam Titius novare non potest, licet recti ei solvitur.* Pourquoi ? parce que Titius n'est pas un créancier réel et véritable. — Si cette théorie est la théorie romaine, nous n'avons plus qu'à faire le raisonnement qui suit, avec le jurisconsulte Paul dans le *principium* de la L. 27, *de Pactis.* Il ne faut point s'étonner que celui qui pourrait recevoir un paiement valable vis à vis de tous les créanciers, ne puisse pas faire un pacte de *non petendo* opposable à tous les créanciers *correi,* puisqu'il est reconnu que, dans diverses circonstances, celui qui pourrait recevoir un paiement valable, ne pourrait pas valablement faire une novation. Le paiement, la novation et le pacte *de non petendo* ne sont pas des choses qui doivent nécessairement marcher de front. Si l'on peut signaler entre elles quelque analogie, on doit noter des différences qui existent bien plus larges, bien plus sensibles entre le paiement et le pacte de *non petendo,* qu'entre le paiement et la novation. Telle est l'explication que nous croyons pouvoir donner de la L. 27, *in prin.* D. *de Pactis.* C'est, du reste, celle que donnait Cujas (3).

(1) L. 23, D. *de Noval.* — V. L. 23 eod. tit.
(2) L. 27, in prin., D. de *Pactis.*
(3) *Recit. solennes* à l legon 27 in prin. D. *de Pactis.* — M. Etienne a

Il ne faut donc pas conclure de cette loi que le *correus credendi*, à qui Paul applique tout ce qu'il a dit de *l'argentarius socius (idemque in duobus reis stipulandi dicendum est)*, ne peut pas nover la dette dont il peut recevoir le paiement. Telle n'a pas été la pensée du jurisconsulte, elle serait en opposition avec une décision formelle de la L. 31 , § 1. D. *de Noval. Novatione quoque liberare eum ab altero poterit.* Le jurisconsulte Paul n'a parlé de la novation dans la L. 27, D. *de Pactis*, que comme terme de comparaison , mais non pour la mettre sur la même ligne que le pacte de *non petendo.*

La solution que contient le *principium* de la L. 27 , D. *de Pactis* se trouve confirmée par la L. 93, D. *de Solut.*, qui nous en fait connaître une des applications les plus intéressantes. Il s'agit de deux *correi stipulandi* dont l'un a institué l'autre héritier ; l'un deux fait avec son débiteur un pacte *de non petendo* (1), quel sera l'effet de ce pacte? Pourra-t-il être opposé à celui qu'il l'a consenti , lorsqu'il agira comme héritier de celui à qui il ne pouvait nuire ? Pourra-t-il à l'inverse être opposé à celui qui ne l'a pas consenti , lorsqu'il agita *nomine proprio* et non pas comme héritier de l'auteur du pacte, par cela seul qu'étant son héritier , il fait siennes et s'attribue personnellement toutes ses obligations?—Il n'en sera point ainsi, les deux obligations demeurent séparées dans la main du *correus-héritier*, leur séparation est si profonde et le principe que nous avons énoncé, savoir: que le pacte fait par l'un des créanciers *correi* ne peut pas nuire à l'autre, est si vrai, que les jurisconsultes Scœvola et Ulpien disent : *Placet non confundi* (2). *Si reus stipulandi extiterit hœres rei stipulandi, duas species obligationis sustinebit* (8). *Vel ideo dare oportet ipsi quod hœres extitit, vel ideò quod proprio nomine et deberetur. Atquin magna est hujus rei differentia* (4). —

renouvelé cette explication (*Inst.* traduites et expliquées, t. ii, p. 91, note 4).

(1) Dans l'espèce le pacte est personnel; mais l'intérêt de la question serait le même, si le pacte était *in rem* , car nous avons vu (*suprà*, p. 86), pourquoi il ne donne lieu qu'à une exception personnelle.

(2) L. 93, D. *de Solut.*

(3) L. 8, D. *de Fidejussoribus.*

(4) L. 93, D. *de Solut.*

Suivant que l'une ou l'autre des deux actions *(suo nomine aut hereditario)* sera intentée, l'exception pourra ou non être opposée. Il est donc bien évident que le pacte fait par l'un des créanciers *correi*, n'a pas pu nuire aux autres, puisqu'il n'a aucune influence même après la réunion de deux de ces créances d'un même objet dans la même main.

Nous venons de voir comment le pacte, et notamment le pacte libératoire, était protégé par une exception qui devint *in factum composita* après avoir été à l'origine une simple exception de dol; cependant cette dernière put encore lui fournir un se····rs subsidiaire : elle pouvait même être employée indisti····ement avec l'exception *pacti conventi. Et quidem et de pacto convento excipi posse nequaquam ambigendum est, sed et si hac quis exceptione (doli) uti velit, nihilominus poterit : dolo enim facere eum, qui contra pactum petat, negari non potest* (1). C'était du reste la règle générale : *et generaliter sciendum est, ex omnibus in factum exceptionibus, doli oriri exceptionem* (2).

Dans la matière qui nous occupe, nous noterons spécialement que l'exception de dol pourrait quelquefois beaucoup plus que l'exception prise directement du pacte. *Et quotiescumque exceptio; pacti dari non potest, fortè quia res vel persona ad quam ex æquitate utilitas pacti porrigitur, illo comprehensa non est, toties ad exceptionem doli subsidiariam confugiendum est* (3). — Il est facile de voir dans quels cas le secours subsidiaire de l'exception de dol sera seul efficace ; par exemple, toutes les fois que nous ferons l'application du principe contenu dans la L. 23, D. *de Pactis ;* ainsi, pour opposer au créancier le pacte fait avec le débiteur principal, le fidéjusseur usera de l'exception de dol. Il en sera de même lorsque le pacte aura été consenti à l'un des *correi debendi socii* ou des *argentarii socii.* — Enfin, les lois 25, § 2 et 26, nous font connaître une autre espèce dans laquelle la situation est parfaitement dessinée et où l'exception de dol est la seule dont on parle. C'est lorsque le fidéjusseur a obtenu un

(1) L. 2, § 4, D. *de Doli mali except.*
(2) *Ibid.*, § 5.
(3) *Perezif, Prælectiones in codicem, de Pactis,* n° 23.

pacte par le moyen duquel on a voulu libérer le débiteur principal lui-même ou les co-fidéjusseurs. Quoiqu'en principe le pacte de *non petendo* accordé au fidéjusseur ne soit utile qu'à lui-même, car il est personnel, il tournera dans cette hypothèse à l'avantage du débiteur principal ou des co-fidéjusseurs, au moyen de l'exception de dol.

§ 2. — La répétition de la chose payée en vertu du pacte est impossible.

Nous n'avons parlé jusqu'à présent que des pactes libératoires; il en est d'autres que nous ne devons pas négliger.

On dit généralement que le pacte produisant une obligation naturelle, et celle-ci ayant pour deuxième effet d'empêcher la répétition du paiement auquel elle aurait donné lieu, les pactes, autres que le pacte de *non petendo*, mettent obstacle à la *condictio indebiti*.

Cette argumentation est tissue d'opinions, que nous croyons fausses et qu'il nous faut relever : 1° il n'est pas exact de dire, nous l'avons prouvé, que le pacte donne naissance à une obligation naturelle dans la législation de Rome; — 2° le deuxième effet que l'on attribue aux obligations naturelles, à savoir d'empêcher la répétition d'un paiement volontaire, ne doit pas lui être exclusivement attribué; — 3° si le pacte produit ce résultat, ce n'est pas de la même manière que l'obligation naturelle, c'est par le seul effet des principes déjà exposés, au moyen de l'exception à laquelle il donne toujours naissance.

Tels sont les points que nous avons à développer. Le premier ne nous arrêtera pas un instant, nous avons déjà dit notre pensée à ce sujet. — Pour le deuxième, nous allons nous aider du travail de M. Holtius sur l'obligation naturelle dans le Droit romain (1). — Il est incontestable que l'obligation naturelle est suffisante pour empêcher la répétition du paiement volontaire, mais elle n'est pas même nécessaire. « Une » simple raison de morale, de piété, de mœurs nationales » produit le même effet; » et même ce qui fait que l'obligation naturelle entraîne cette conséquence, « c'est uniquement

(1) *Revue de Législation*, 1832, T. iii, p. 11 et suiv.

» l'élément moral, la *pietas*, renfermé dans cet acte obliga-
» toire. »

C'est ainsi que la femme, qui, se croyant par erreur obligée,
a apporté une dot à son mari, ne peut pas la répéter quoiqu'il n'y ait pas obligation naturelle *sublatâ enim falsâ opi-
nione, relinquitur pietatis causâ, quâ solutum repeti non
potest* (1). — C'est ainsi que celui qui, ayant fait des dépenses
pour les funérailles d'un homme, aurait droit à une action
de gestion d'affaires, s'il avait eu l'intention d'agir dans l'intérêt du défunt ou de l'héritier, n'aura aucune action en répétition *si pietatis gratiâ fecit* (2). — C'est encore à cause
de cette *pietas* et non pas à raison d'une obligation naturelle, que nous lisons dans la L. 22, § 1, D. *de Negot. ges-
torum : Titium, si pietatis respectu, sororis aluit filiam,
actionem hoc nomine, contra eam non habere respondi.*
— Nous trouvons toujours cet élément moral dans un cas
où quelques personnes reconnaissent une obligation naturelle, que la doctrine de M. Hollius repousse, c'est celui
d'un affranchi dont le travail a été utile son patron : toute
répétition lui est interdite, *quamvis putans se obligatum
solvit;* parce que l'affranchissement avait établi entre lui et
son patron un lien moral qui donnait naissance à des de-
voirs mais non à des obligations : *naturâ enim operas pa-
trono libertus debet* (3). — *Naturâ deberi,* ce n'est pas absolument la même chose que *naturaliter obligari ;* d'un côté, il
n'y a qu'une obligation imparfaite, un simple devoir ; de
l'autre, une obligation véritable que le préteur protège le
plus souvent par une action. Il ne s'agit donc pas dans l'espèce d'une obligation naturelle, pas plus que lorsqu'il est
question d'un pacte.

Sans doute, et nous l'avons déjà dit, nous trouverons de
véritables obligations naturelles, résultant d'un fait contractuel, qui empêchent la répétition d'un paiement : *Naturales
obligationes non eo solo æstimantur, si actio aliqua eorum
nomine competit; verum etiam eo, si soluta pecunia repeti*

(1) L. 32, § 2, D. *de Cond. indebit.*
(2) L. 14, § 7, D. *de Religiosis.*
(3) L. 26, § 12, D. *de Cond. indebit.*

non possit (1); citons pour exemple : *Si tuo servo credidero, eum que redemero, et is manumissus mihi solverit, non repetet* (2). La raison en est bien simple, c'est que l'obligation naturelle est une obligation véritable et qu'il serait contraire à la justice de dépouiller celui qui n'a reçu que ce qu'on lui devait : *Nam licet minus propriè debere dicantur, naturales debitores, per abusionem intelligi possunt debitores et qui ab his pecuniam recipiunt, debitum sibi recepisse.* (3)

En résumé, nous dirons avec M. Hottius : « Ce n'était donc » pas, exactement parlant, l'obligation naturelle qui empê- » chait la répétition, c'était une cause morale quelcon- » que (4). »

3° Nous avons dit que si le pacte a quelquefois pour effet d'empêcher la répétition d'un paiement, ce n'est pas comme donnant naissance à une obligation naturelle, c'est par la seule application des principes déjà exposés. Si l'une des parties qui n'y était point tenue juridiquement en vertu du pacte, consent à exécuter ce pacte et qu'elle vienne ensuite intenter une *condictio*, il sera toujours permis au défendeur d'opposer une exception, *sed parit exceptionem;* par là, la répétition deviendra impossible. Mais s'il en est ainsi, ce qui n'est point contestable, c'est donc à tort que l'on veut attribuer un deuxième effet au pacte, puisque cet effet n'est qu'une conséquence du premier : l'exception. Il en serait autrement si, sans faire usage de l'exception, le préteur faisait valoir le pacte en refusant lui-même la *condictio indebiti*, comme cela a lieu dans d'autres cas, toutes les fois que l'élément moral, la *pietas* se montre sur le premier plan. Alors les textes disent, d'une manière bien précise, *solutum repeti non potest* (5), *condicere eum non posse* (6); la répétition est impossible, le magistrat ne veut pas la permettre; et non pas la *condictio* sera repoussée par la voie d'exception. Or, c'est précisément

(1) L. 10, D. *de Oblig. et act.*

(2) L. 83, D. *de Solut.* — V. L. 13, D. *de Cond. indebit.*

(3) L. 16, § 4, D. *de Fidejuss.*

(4) *Revue de Législation*, 1852, T. III, *loco citato.*

(5) L. 32 § 2, D. *de Cond. indebit.* — L. 10, D. *de Oblig. et act.*

(6) L. 26, § 12, D. *de Cond. indebit.*

cette dernière locution que l'on rencontre lorsqu'il s'agit d'un pacte : *Sed ex parte rei locum habebit pactum, quia solent et ea pacta, quæ postea interponuntur, parere exceptiones* (1); *profuturamque et conventionis exceptionem placuit* (2).

§ ?. — Le pacte ne peut recevoir les accessoires de fidéjussion, de gage et de constitut.

Divers autres effets attribués à l'obligation naturelle ont été souvent étendus aux pactes par les commentateurs, à tort selon nous. Ainsi, l'on a dit que le pacte admet les accessoires de fidéjussion et de gage.

Si l'on trouve des textes qui valident le gage et la fidéjussion comme accessoires d'une obligation naturelle, on ne peut en signaler aucun qui s'occupe des pactes.

Pour ne parler tout d'abord que de la fidéjussion, j'indiquerai des textes contraires à l'opinion commune, car ils exigent impérieusement l'existence d'une obligation naturelle à laquelle la fidéjussion puisse se rattacher ; lorsque cette obligation disparaît, la fidéjussion est impossible. — Les Lois 6, §2, et 11 D. *de Fidejus.*, et la L. 18, D. *ad senatus-C. Maced.*, ne laissent aucun doute. Il en est de même du §1, *Inst. Just. de Fidéj.* — Or, nous savons que le pacte ne produit point d'obligation naturelle. — Nous avons même un texte déjà cité, et, précisant que la fidéjussion ne peut être ajoutée au pacte, attendu qu'il ne produit pas même une obligation naturelle, *nec* NATURALITER *obligatur qui ita adnuit, et ideo recté dictum est non obligari pro eo, nec fidejussorem quidem* (3).

En matière de gage, la controverse est grande et non encore terminée, sur le point de savoir si l'obligation naturelle est suffisante, pour que le gage destiné à la garantir puisse subsister. De nos jours, on a enseigné que le gage pourrait être valable dans ce cas ; mais avec le caractère de l'obligation principale, « c'est-à-dire comme engagement impar-

____

(2) L. 7, § 5, D. *de Pactis.*
(2) l. 2 § 1, D. *de Pactis.*
(3) l. 1, § 2, D. *de Verb. oblig.*

» fait, qui autorise à retenir, mais pas à poursuivre (1). » —C'est
ainsi qu'on croit pouvoir interpréter le texte formel de la L.
14, § 1, D. *de Pignorib. : exquibus casibus naturalis obligatio consistit, pignus perseverare constitit.*, par la L. 2,
D. *que res Pig.* et la L. 13, *quibus modis.* Quoiqu'il en
soit de cette controverse, il faut au moins convenir qu'une
obligation naturelle est indispensable pour que le gage soit
possible, et nous savons que le pacte n'en produit point.

Nous devons donner la même solution relativement au
constitut. Ceci semble plus difficile à soutenir. M. Ortolan se
prononce bien formellement dans un sens opposé, lorsqu'il
dit : « Si l'on suppose que la première obligation ne fut
qu'une obligation naturelle, provenant par exemple elle-
même d'un *simple pacte*, et par conséquent dépourvue d'action, le constitut ou pacte de paiement vient donner au
créancier l'action qui lui manquait. De telle sorte qu'en définitive, c'est le moyen d'obtenir en deux fois, c'est-à-dire
en deux pactes, ce qu'on ne pourrait obtenir en un seul (2). » —
La doctrine de M. Ortolan s'explique parfaitement par la
confusion qu'il fait, entre le résultat du pacte et l'obligation
naturelle. En admettant, au contraire, que le pacte n'est
qu'un fait, incapable de produire des relations juridiques,
on s'étonne tout d'abord de ce résultat, et l'on ne comprend
pas que le néant reçoive un accessoire et que deux actes nuls,
inexistants, puissent faire un acte valable et juridique. Telle
n'a pas été la pensée des jurisconsultes romains, dont tout le
monde admire la logique.

Nous ne dirons pas cependant que l'obligation naturelle ne
fut pas suffisante pour le constitut. Lorsque M. Holtius (3)
essaye d'ébranler ce principe et veut insinuer qu'en cette
matière, d'ailleurs peu connue, il faut entendre par obligation naturelle l'obligation du Droit des gens, que le Droit
civil avait sanctionnée, comme celle qui naît du louage, etc..,
son opinion ne nous paraît pas fondée. En effet, les textes

(1) V. M. Holtius, sur l'obligation naturelle dans le Droit romain, *Revue
de Législation*, 1852, T. III, p. 14.
(2) Explication historique des Instituts, T. II, p. 306, 8e édit.
(3) V. *Revue de Législation*, loco citato.

parlent séparément de ces dernières obligations protégées
par le Droit civil, *ex quocumque alio contractu* (1); et de
celles qui le sont par le Droit prétorien, *sed et is qui honorarid actione, non jure civili obligatus est, constituendo tenetur* (2). Ces obligations, que le Droit prétorien munit d'une
action, sont précisément des obligations naturelles, le texte le
prouve lui-même, en citant pour exemple les obligations des
escl...s et des fils de famille. M. Holtius est donc dans l'erreur et l'obligation naturelle suffit pour la validité du constitut; non seulement l'obligation naturelle munie d'une action (obligation qu'on peut appeler si l'on veut *inutilis*,
dans la personne de l'esclave; mais qui était *honoraria* en faveur du maître et contre lui *usque ad eam quantitatem, quæ
tunc in pæculio fuit*); mais encore celle qui n'a pour effet
que d'empêcher la *conditio indebiti*, la répétition d'un paiement: *naturales obligationes, non eo solo æstimantur, si
actio aliqua earum nomine competit, verum etiam cùm soluta pecunia repeti non potest* (3). Les textes sont formels
et ne se bornent pas à permettre l'adjonction du constitut
à l'obligation naturelle déjà pourvue d'une action honoraire.
Avant de parler de ces dernières obligations, le jurisconsulte
Ulpien pose en principe, dans la L. 1, § 7, *de Pecun. constit:
Debitum autem vel naturâ sufficit*. Ce n'est ensuite que par
déduction *à fortiori* de ce principe qu'il ajoute dans le § 8 :
*Sed et is, qui honorarid actione, non jure civili obligatus
est, constituendo tenetur.*

Il est donc prouvé que l'obligation naturelle suffit pour
rendre le constitut valable; mais il ne faut pas conclure de là
que le pacte suffise aussi dans le même but; car le pacte, ainsi
que nous l'avons démontré, ne donne point naissance à des
obligations naturelles, et l'on ne trouve aucun texte en faveur de l'opinion que nous repoussons.

(1) L. 1, § 6, D. *de Pecunia constit.*
(2) L. 1. § 8. D. *Ibid.*
(3) L. 16. § 4, D. *de Fidejuss.*

§ 4. — Le pacte ne peut donner lieu ni à une novation, ni à une compensation.

Nous pourrions relativement à la novation faire les mêmes raisonnements que nous venons de présenter ci-dessus. Sans doute la novation peut transformer une obligation naturelle en une obligation civile, ou bien une obligation civile en une obligation naturelle (1); mais il faut observer encore une fois que le pacte ne fait pas naître des obligations naturelles.

Reste la compensation que l'on croit pouvoir baser sur l'obligation naturelle, en vertu de cette maxime : *etiam quod naturâ debetur venit in compensationem* (2). Cette maxime n'a pas, à Rome, toute l'étendue qu'on pourrait penser; M. Holtius a indiqué quelles sont ses limites (3). Quoiqu'il en soit, il serait ridicule de vouloir se servir du pacte pour éteindre une dette par compensation; puisque le pacte ne donne naissance à aucune obligation, qu'il ne crée aucun rapport juridique. Or, *compensatio est debiti et crediti inter se contributio* (4). Y a-t-il par l'effet du pacte un *debitum* et un *creditum?* — Pour rendre la démonstration plus complète, supposons que le pacte donne naissance à une obligation naturelle. Je dis que l'obligation naturelle ne peut être opposée en compensation que lorsqu'elle est munie d'une action véritable *(honorariâ)*. On ne trouve qu'une seule exception à cette règle, celle de la L. 9, D. *De Comp.*, dans laquelle un maître dont l'esclave a contracté une société vient, en vertu de ce contrat, réclamer de son associé par une action, les sommes qui lui sont dues. L'associé pourra-t-il opposer la compensation de ce que lui doit l'esclave? Oui, sans contredit, jusqu'à concurrence du pécule, à cause de l'action prétorienne de *peculio;* mais au-delà? oui encore, quoiqu'on ne put réclamer par action directe; mais le maître agissant par l'action *pro socio*, ne peut obtenir les profits que déduction faite des pertes; il doit donc accepter le contrat fait par l'esclave dans son entier, *quia unus*

(1) L. 1, § 1, D. *de Novat.*
(2) L. 6. D. *de Compens.*
(3) *Revue de Législation*, 1832. T. 3, p. 13.
(4) L. 1. D. *de Comp.*

contractus est (1) : c'est de cette manière que ce qui excède la valeur du pécule *venit in compensationem*. En dehors de ce cas et de ceux de la même nature, l'obligation naturelle ne peut être opposée en compensation, que lorsqu'elle est munie d'une action prétorienne.

De tout ce qui précède, nous pouvons conclure de nouveau que le pacte ne donnant jamais naissance à une action, ne pourra pas être utile pour la compensation, alors même que l'on voudrait admettre que le pacte produit une obligation naturelle.

CHAPITRE II.

Des Pactes non nus; — de leurs effets juridiques.

SECTION PREMIÈRE.

Des Pactes qui deviennent contrats innommés par une réalisation.

Nous savons qu'il faut placer au premier rang des pactes non nus, ceux qui contenant des engagements réciproques, deviennent obligatoires par l'exécution de l'une des parties. Ce ne sont même plus des pactes dans ce cas, ils prennent un autre nom, on les appelle contrats innommés. Leur origine, cependant, est un pacte, nous devons donc en parler.

On peut les diviser en quatre catégories, selon la nature des engagements qu'ils ont pour but de former : *aut enim*, dit le jurisconsulte Paul, *do tibi ut des; aut do ut facias; aut facio ut des; aut facio ut facias* (2). Dans tout ces divers cas, lorsque l'exécution a eu lieu d'un côté, une action est accordée. Quelle est cette action ? c'est ce qu'il nous faut étudier.

Les premiers de ces pactes qui furent munis d'une action, durent être ceux qui, par l'exécution d'un *dare*, présentaient de l'analogie avec les contrats réels. — Après cette translation

(1) L. 9. § D. de comp.
(2) L. 1, in princ. D. de praescript. verb.

do propriété, si l'autre partie n'exécutait pas sa promesse, on accordait une action personnelle, une *condictio causâ datâ, causâ non secutâ* pour se faire remettr edans la situation où l'on était auparavant. Jusque-là, rien ne conduit à la parfaite exécution du contrat innommé. — Pour l'obtenir, il fallait agir autrement. On ne pouvait pas exiger directement que l'autre partie donnât ou fît, à son tour, ce qu'elle avait promis, car la promesse n'ayant été faite que par un pacte n'était pas obligatoire; mais celui qui n'exécutait pas se serait enrichi aux dépens de celui qui avait déjà livré; il était donc juste que celui-ci pût intenter une action *ut damneris mihi, quanti interest meâ, illud, de quo convenit accipere* (1).— L'action accordée dans ce cas exposait dans la *demonstratio* le fait qui donnait lieu à l'obligation civile, et contenait une *condemnatio incerta* : c'était l'action *incerta civilis in factum præscriptis verbis*. Par elle on obtenait une indemnité pour tout le préjudice souffert.

Telles étaient les actions principales qui protégeaient les pactes devenus contrats innommés.

La première de ces actions n'était cependant jamais applicable aux deux cas de *facio ut des* et de *facio ut facias*; il fallait une *datio*, une translation de propriété pour fonder une *condictio causâ data, causâ non secutâ*. Cette action avait pour but de faire retransférer la propriété sous peine d'une condamnation pécuniaire; or, dans les deux cas dont nous parlons, l'exécution du pacte s'est produite par un fait; personne ne pourrait faire qu'il fut non accompli. Restait donc seulement, pour ces deux cas, l'action *præscriptis verbis*, et même elle ne pouvait pas toujours être intentée; alors subsidiairement on accordait l'action de dol : il y avait dol, en effet, de la part de l'adversaire à profiter du fait accompli, sans faire ou donner l'équivalent qu'il avait promis.

Dans quel cas l'action *præscriptis verbis* était-elle impossible pour obtenir la réparation du préjudice causé? — En consultant les textes, surtout la L. 5, D. *De Præscriptis verbis*, on voit que le jurisconsulte Paul semble ne vouloir accorder l'action *præscriptis verbis* que lorsque le contrat dont

(1) L. 5, § 1, D. *de Præscript. verb.*

il s'agit a quelque analogie avec un autre contrat nommé : tan
tôt il compare ce contrat à la vente (L. 5, § 1), tantôt au
louage (§ 2), tantôt enfin au mandat (§ 4) *quœ actio similis erit
mandati actioni, quœmadmodum in superioribus casibus
locationi et emptioni;* telle paraît être la règle. Elle se confirme, d'ailleurs, par des textes qui, sans elle, présentent des
antinomies et sont inconciliables. Ainsi, dans le cas de *facio
ut des,* Paul nous dit formellement, au § 3 de la L. 5 D • *Præs.
verbis,* qu'il n'y a lieu qu'à une action de dol : *Nulla est civilis actio et ideo de dolo dabitur.* Cette solution est donnée
d'une manière générale, probablement parce qu'aucune espèce de cette catégorie ne s'était présentée à l'esprit du jurisconsulte, dans laquelle le contrat innommé offrit des points
de ressemblance avec un contrat nommé. Nous trouvons, en
effet, des solutions opposées dans les L. 15 et 22 du même
titre, et ces solutions s'appliquent à des espèces qui doivent
être assimilées à des contrats nommés. — Comment concilier
ces textes sans la distinction que nous venons de poser ? Avec
elle, tout rentre dans un ordre parfaitement méthodique.—
Il serait utile, cependant, de rencontrer une solution spéciale
dans une espèce, que l'on ne pourrait assimiler à un contrat
nommé. Nous verrions alors si la règle résiste ou non à l'application. — Cette solution nous la trouvons dans la L. 4, C.
De dolo malo. Il s'agit, dans l'espèce de cette loi, d'un pacte
fait de la manière suivante : Le maître d'une esclave s'est engagé à l'affranchir ou à la livrer à un homme *qui in contu-
bernio ancillam sibi conjunxit* et qui s'engageait, de son côté,
à livrer un autre esclave à sa place, *ut pro ea daret manci-
pium.* L'affranchissement ayant eu lieu, le contrat innommé
paraît dans le domaine juridique *(facio ut des).* Si l'engagement réciproque n'est pas exécuté, la liberté une fois donnée
ne pouvant être révoquée, que fera le maître ? Agira-t-il *ex
præscriptis verbis,* pour se faire indemniser du préjudice que
lui cause l'inexécution de la promesse de son adversaire ? L'espèce est très favorable ; mais elle ne ressemble à aucun contrat
prévu par le Droit civil ; aussi les empereurs Dioclétien
et Maximien décident qu'il faudra se contenter de l'action de
dol, *desiderare debes, de dolo tibi decerni actionem.* La solution de cette espèce rapprochée de l'esprit général, qui

inspire toute la L. 5, D. *de Præscript. verbis*, me parait confirmer la règle que j'ai énoncée.

Cette règle a été donnée par M. Etienne (1), pour concilier la L. 5, § 3, avec les L. 15 et 22, D. *de Præs. verb.*; mais il ne l'étend qu'aux deux catégories de contrats innommés *facio ut des, facio ut facias*. Pourquoi, si elle est vraie, cette règle ne serait-elle pas générale? Au premier abord la L. 5, § 2, D. *de Præscript. verbis*, semble la contrarier pour le cas de *do ut facias*. Dans une espèce qui ne ressemble pas à un contrat de louage, comme dit formellement le jurisconsulte Paul, *si tale est pactum quod locari non possit, puta ut servum manumittas*, on accordait cependant avec la *conditio*, l'action *præscriptis verbis*. Cette solution peut se justifier en demeurant dans la règle générale, par cette considération que, puisqu'il s'agit d'un pacte transformé en contrat innommé, par une translation de propriété, il y a toujours une grande analogie avec les contrats réels. Dès-lors, il est vrai de dire que sans cesser d'être générale, la règle ne peut plus avoir d'application intéressante, que dans les cas de *facio ut des* et de *facio ut facias*.

Il reste encore deux lois qui semblent présenter de l'antinomie et qui portent à douter si l'assimilation du contrat *do ut facias* avec les contrats réels, est suffisante pour obtenir l'action *præscriptis verbis*. Voici l'espèce de ces deux lois: Je vous ai promis un esclave afin que vous affranchissiez le vôtre, je vous l'ai livré, puis l'affranchissement a eu lieu. Après cela vous êtes évincé de l'esclave dont je vous avais transféré la propriété.—Quelle action vous sera accordée contre moi? D'après la L. 5, § 2. D. *de Præs. verb.*, nous savons que Julien accordait une action de dol pour le cas où j'aurais connu la cause de l'éviction; et dans le cas où je l'aurais ignorée, il accordait tout au moins l'action *præscriptis verbis : Si sciens dedi, de dolo malo dandam actionem, Julianus scribit; si ignorans, in factum civilem*. Il parait que l'opinion de Julien n'avait pas été interprétée par tout le monde dans le sens que nous venons de lui donner d'après Paul; si nous en croyons Ulpien, Mauricien aurait eu raison

(1) *Institutes* traduites et expliquées, t. 1, p. 31 et 33.

de reprocher à Julien de n'avoir accordé dans l'espèce précitée qu'une action *in factum* prétorienne, tandis qu'il y avait
lieu à une véritable action civile *præscriptis verbis* (1). Les
jurisconsultes romains s'étaient mépris sur l'opinion de Julien, et les commentateurs des lois romaines sont tombés
dans la même erreur ; car d'après le texte de Paul, ce n'était
point une action *in factum* prétorienne, opposée à l'action de
dol et pour en éviter l'infamie, que le jurisconsulte Julien accordait, lorsque les causes de l'éviction avaient été ignorées,
c'était une action *in fa tum civilem*, c'est-à-dire la *civilis actio in factum præscriptis verbis*. Julien voulait donc ce que
tout le monde demandait, l'action *præscriptis verbis* pour
tous les cas, et en outre l'action du dol, lorsque les causes de
l'éviction avaient été connues de celui qui avait fait la tradition. — Mauricien et Julien étaient donc, en réalité, du même
avis, et c'est à tort que le premier attribuait à l'autre une
opinion qu'il n'avait pas ; il en est de même de Paul et Ulpien
qui ne faisaient que rapporter leur doctrine. Il n'y a donc
pas à se préoccuper de la prétendue antinomie que l'on a si-
gnalée entre les L. 5, § 2, D. *de Præscrip. verb.*, et la l. 7,
§ 2, D. *de Pactis*, cette antinomie n'existe pas. Il en résulte
que la règle formulée par M. Etienne, et qui doit être étendue
à toutes les espèces de contrats innommés, ne souffre de ces
lois aucune atteinte.

Faisons ici une remarque : d'après l'opinion de Julien, que
nous venons de rapporter, une action de dol pouvait être
accordée, contrairement à l'édit du préteur, dans un cas où
une autre action pouvait être intentée : *que dolo malo facta
esse dicentur, si de his rebus alia actio non erit* (2) Peut-
être pouvait-on justifier cette violation de l'édit par le principe de Labéon, que nous a conservé Ulpien : *non solum
autem, si alia actio non sit, sed et si dubitetur, an alia est,
putat Labeo, de dolo dandam actionem* (3).

Nous avons exposé, d'une manière générale, les effets juridiques des pactes qui passent à l'état de contrats innommés.

(1) l. 7, § 2 D. *de Pactis.*
(2) l. 1. § 1. D. *de Dolo malo.*
(3) L. 7. § 3, D. *de Dolo malo.*

Il serait très facile de faire l'application des règles que nous avons rappelées, aux différentes espèces.

SECTION DEUXIÈME.

Des Pactes prétoriens.

Les Pactes prétoriens forment la deuxième classe des pactes non nus. — Nous allons signaler les principaux :

1° le *Constitut.* — Le constitut c'était la promesse de payer à une époque déterminée une dette déjà existante. Il pouvait être fait pour garantir le paiement de la dette d'un tiers ou de sa propre dette *aut propri debiti aut alieni.* — Lorsqu'on promettait dans son propre intérêt, il s'opérait une sorte de novation prétorienne ; si le créancier agissait par l'action de la première dette, on pouvait, par voie d'exception, lui opposer le constitut et dire qu'on n'était tenu de payer qu'à telle époque déterminée. — En promettant par autrui, on ne faisait qu'ajouter une obligation nouvelle à celle qui existait déjà, pour en assurer l'exécution. — Le préteur avait investi cette promesse d'une action prétorienne, à l'imitation de l'action civile *receptitia*, qui était accordée pour toute promesse de payer à jour fixe, faite par un *argentarius.* Dans l'intérêt général et pour faciliter les transactions, toutes les fois qu'un jour avait été *fixé* pour le paiement d'une dette, quoique la promesse de payer n'eut pas été faite avec les formalités exigées pour les obligations civiles, le préteur la trouva aussi sérieuse que celle faite par les *argentarii* et les protégea par une action analogue. Le constitut ne s'appliquait qu'à des dettes de choses fongibles, de là son nom *constituta pecunia.* Justinien fit disparaître les différences qui existaient entre cette action et *l'actio receptitia* et les confondit l'une avec l'autre. Elles furent ainsi l'une et l'autre perpétuelles et applicables à toute sorte d'objets (1).

2° *Le pacte d'hypothèque.* — Quoique non accompagné des formalités romaines, notamment de la tradition qui était exigée par le *pignus* et en faisait un contrat réel, le simple consen-

(1) Inst. Just. *de Actionibus.* § 8 et 9.

tement de constituer une hypothèque fut protégé par le préteur. *Contrahitur hypotheca per pactum conventum, cùm quis paciscatur, ut res ejus propter aliquam obligationem sint hypothecœ nomine obligatœ* (1). *De pignore, jure honorario nascitur pacto actio* (2). Cette hypothèque fut garantie par l'action quasi-servienne, appelée aussi hypothécaire, sans que le débiteur fut privé ni de l'usage ni de la possession de sa chose. Le but de cette action était d'obtenir la possession de la chose hypothéquée pour en poursuivre la vente ; elle était intentée contre tout détenteur qui ne pouvait l'éviter qu'en acquittant la dette toute entière. C'est ainsi que s'exerçait le droit de suite (3).

3° *Le serment extrajudiciaire.* — Lorsque les parties voulant éviter un débat sur le point de savoir si une dette existe, se sont déféré le serment par forme de transaction, et qu'à la suite le serment a été prêté ; il résulte de cette transaction et de ce serment, que le droit qu'ils ont servi à constater et à prouver doit recevoir son exécution, car il ne peut plus y avoir de doute sur l'existence de la créance. L'équité exige qu'il en soit ainsi ; lorsqu'on a pris le ciel à témoin de la vérité de son dire, on ne peut pas pas prétendre que les parties ont voulu, *magis perlusoriè egisse, quam fidem voluisse adstringere.* Obéissant à ce sentiment d'équité, le préteur accorda une action, dont le but n'était pas de rechercher si la dette existait, mais bien si le serment avait été prêté : cette action conçue uniquement *in factum* était appelée *de jurejurando* ou *an juraverit : accomodat ei talem actionem, per quam non illud queritur, an ei pecunia debeatur, sed an juraverit* (4).....

Des Pactes légitimes.

Parmi les pactes légitimes qui font tous partie de la catégorie des pactes non nus, nous pouvons citer :

(1) L. 4. D. *de Pignoribus et hyp.*
(2) L. 17. § 2, D. *de Pactis.*
(3) L. 16. § 3, D. *de Pign. et hypoth.*
(4) Inst. Just. *de Actionibus,* § 11.

1° *La donation* — La seule convention de donner ne produisait des effets juridiques, que lorsqu'elle était réalisée par la translation de propriété. Justinien voulut donner une véritable puissance juridique à cette convention et décida que, par le seul consentement, l'obligation du donateur serait parfaite, sans stipulation ou tradition : *ex lege nostrâ, necessitatem ei imponi etiam tradere hoc, quod donare existimavit; ut non ex hoc inutilis sit donatio, quod res non traditæ sunt; nec confirmetur ex traditione donatio* (1); il assimila donc cette convention aux contrats consensuels, à la vente : *et ad exemplum venditionis..... habeant plenissimum et perfectum robur, et traditionis necessitas incumbat donatori* (2).

2° La *Pollicitatio dotis.* — En cette matière, avant que le pacte pur et simple eut reçu une force juridique, on avait déjà introduit une exception au Droit commun. Non seulement la dot pouvait être constituée par tradition *(aut datur)* ou par stipulation *(aut promittitur)*, ce qui était la règle générale, ce que tout le monde pouvait faire conséquemment : *Dare promittere dotem, omnes possunt* (3); mais encore par faveur pour le mariage, la simple promesse par paroles, sans interrogation préalable du mari, parut suffisante : c'est ce qu'on appelait *dictio dotis, dos aut dicitur* (4). Cette diction de dot était un mode exceptionnel ; aussi la femme et ses ascendants pouvaient seuls en faire usage (5). Postérieurement à Ulpien, la *dictio dotis* disparut devant un mode plus simple de constituer la dot, et dont tout le monde put faire usage, c'est-à-dire la *pollicitatio dotis*, le simple pacte, auquel on avait donné la force des contrats, en l'élevant au rang des pactes légitimes. A quelle époque ce changement avait-il été opéré? c'est ce qu'on ne peut déterminer d'une manière bien précise. Une Constitution de Théodose et de Valentinien, datée de 428, nous fait connaître cette innovation, *ad exactionem dotis, quam semel præstari placuit, qualia-*

(1) L. 35, § 3, C. de Donat.
(2) Inst. Just. de Donat. § 2.
(3) *Ulpiani Fragmenta. Tit. 6. de Dotibus*, § 2.
(4) *Ibid*, § 1.
(5) *Ibid*, § 2.

cumque sufficere verba censemus (sive scripta fuerint) sive non, etiam si stipulatio in pollicitatione rerum dotalium minimè fuerit subsecuta (1). Mais nous trouvons au Code une Constitution d'une date antérieure (202) dans laquelle les empereurs Sévère et Antonin constatent l'existence de cette *pollicitatio (si pollicitatio, vel promino fuerit interposita..... sin autem nulla pollicitatio vel promissio intercesserit)* (2). Il est cependant à remarquer que les jurisconsultes de cette époque n'ont jamais parlé de la *pollicitatio,* Ulpien lui-même dit simplement *dos aut datur, aut* DICITUR, *aut promittitur* (3). Le mot *pollicitatio* ne se trouve que dans les textes d'une époque postérieure. Il semble donc qu'il faut dire avec M. Etienne que c'est par suite d'une interpolation « que le mot *pollicitatio* se rencontre dans la L. 1, C. » *de Jure dotim.* Il est évident que au lieu de *pollicitatio,* » qu'on rencontre dans cette loi, on devrait lire *dictio* (4). »

Dans tous les cas où une chose était due en vertu d'un pacte légitime, si ce pacte n'avait pas été investi d'une action spéciale, on agissait en vertu d'une action commune, la *condictio ex lege. Si obligatio lege introducta sit, nec cautum sit eâdem lege, quo genere actionis experiamur, ex lege agendum* (5).

SECTION QUATRIÈME.

Des Pactes adjoints.

Nous avons enfin cité parmi les pactes non nus, les *pacta adjecta* à un contrat de bonne foi, et nous avons fait voir, comment par l'application pure et simple des principes, il était nécessaire que ces pactes adjoints à un contrat de bonne foi, au moment même de sa formation, fussent protégés par l'action de ce contrat lui-même (6).

(1) L. 6. C. *de Dotis promissi.*

(2) L. 1, C. *de Jure dotium.*

(3) U'p. *Frag. de Dotibus,* § 1.

(4) *Instituies* traduites et expliquées, t. 1, p. 308, note 1.

(5) L. Uniq. D. *de Condict. ex lege.*

(6) L. 7, § 5 D. *de Pactis.* — L. 13, C. *de Pactis.*

Voyons maintenant l'effet des pactes adjoints en dehors du cas que nous venons de rappeler.

Si le pacte avait été ajouté à un contrat de bonne foi postérieurement à sa formation, on ne pourrait pas dire *eum in esse bonæ fidei judicio*, il n'en fait pas partie intégrante; les principes ne permettent pas qu'il soit protégé par l'action de ce contrat, *ea enim pacta insunt, quæ legem contractui dant, id est quæ in ingressu contractus facta sunt* (1). Prenons un exemple, supposons l'espèce de la L. 3, C. *de Pactis inter empt. et vend.* J'ai vendu un fonds de terre avec pacte que si dans un temps déterminé le prix qui reste dû n'a pas été payé, la vente sera non avenue : *ut nisi reliquum pretium intrà certum tempus restitutum esset, ad se reverteretur.* Si le pacte n'est pas exécuté, je pourrai bien agir *ex empto*, si j'ai perdu la propriété par la tradition, parce que le pacte que nous avons supposé, *legem dedit contractui*, était une partie intégrante de la vente. Supposons, au contraire, le même pacte intervenu un mois après le contrat de vente, comment l'action *ex empto* pourrait-elle le protéger? Pour lui donner une puissance active, il faudrait une action particulière accordée exceptionnellement; nous ajouterons donc avec Ulpien, comme conséquence des principes, *etiam ex parte actoris, ex intervallo non inerunt, nec valebunt si agat : ne ex pacto actio nascatur* (2). Le pacte dont nous parlons ne pourrait produire qu'une exception, et pour nous servir encore de l'espèce de la L. 3, au C. *de Pactis inter empt. et vend.*, si le prix n'étant pas payé à l'époque déterminée, l'acheteur, pour obéir au pacte fait *ex intervallo*, retransférait la propriété au vendeur et que plus tard il vint agir contre lui par la *condictio indebiti*, comme lui ayant livré une chose non due, l'action de cet acheteur serait repoussée par l'exception tirée du pacte : *si ex pacte rei, locum habebit pactum : quia solent et ea pacta, quæ posteà interponuntur, parere exceptiones* (3).

Occupons-nous maintenant des contrats de droit strict.

(1) L. 7, § 3, D. *de Pactis.*
(2) L. 7, § 7, D. *de Pactis.*
(3) *Ibid.*

Nous allons étudier l'effet des pactes adjoints à des contrats
de cette nature; mais nous dirons tout d'abord, qu'en principe le pacte adjoint à un contrat de droit strict est incapable de donner naissance à une action. Cette question a été
longtemps controversée. Quant à nous, nous adoptons la doctrine de Cujas (1), Doneau (2), Voët (3), Perezius (4), qui
est celle de tous les bons auteurs de nos jours et notamment
de M. Müllembruch (5).

Pour résoudre cette question avec plus de soin, nous étu-
dierons séparément l'effet de ces pactes adjoints, dans chaque
espèce de contrats *stricti juris*. Mais auparavant observons
que dans la L. 7, D. *de Pactis*, Ulpien donne une solution
favorable à l'opinion que nous voulons soutenir. Après avoir
dit qu'en principe, les pactes sont incapables de produire des
actions, il excepte de cette règle les pactes adjoints à un contrat de bonne foi : *quinimo interdum formant ipsam actionem ut in bonæ fidei judiciis*; donc, les pactes adjoints à
un contrat de droit strict demeurent dans la règle générale.
Cette argumentation n'avait pas échappé à Cujas : « ...
*bonæ fidei, ad differentiam strictorum. Non est ergo ita.
statuendum de judiciis strictis..... et verum existimo, in
mutuo, quod negotium est stricti juris, ex pacto in continenti facto, non esse petitionem usurarum* (L. Titius,
D. *de Præs. verb.*; L. 3, C. *de Usuris*) *in contractu tamen
bonæ fidei ut in mandato, ex pacto facto ex continenti est
petitio usurarum* (L. *Qui negot.*, 34, D. *Mandati*) (6). » —
Perezius nous donne la raison de cette différence, qu'il a pré-

(1) *Scriptum etiam est, pacta facta, in bonæ fidei judiciis ex continenti,
inesse ex parte actoris. — Ergo aliud est in strictis judiciis (ut docui
semper).....* Questiones Papiani. l. xi.

(2) *Donellus vero negat, pacta stricti juris judiciis (puta stipulatione
et mutuo) adjecta, parere actionem, sive antè sive post, sive in continenti, sive in ipsâ traditione facta sint.*

(3) *De Pactis*, n° 7.

(4) *Idem ne tribuendum contractibus stricti juris? Sunt qui affir-
mant..... sed non recte (Prælec. in codicem de Pactis*, n° 26).

(5) *Doctrina Pandectarum*, § 345. — V. *Id.*, M. Ortolan, t. ii, p. 298,
3e édit., et M. Etienne, t. ii, p. 29, note 5.

(6) *Recitationes solemnes ad leg.* 13, *Cod. de Pactis.*

sentée lui aussi comme la conséquence de l'argumentation d'Ulpien. « *Ratio est quod in illis contractibus præstatur omne id, quod æquum est alteri ab altero præstari : quod non obtinet in strictis, ut in his aliud juris esse dicendum sit, quoad præsentem casum* (1). »

Voyons maintenant si l'analyse et l'étude des textes que l'on oppose pourront détruire cette solution. Les contrats de droit strict sont le *mutuum*, le contrat *verbis* et le contrat *litteris*. — Le *mutuum*, protégé par la *condictio certi*, ne pouvait recevoir aucun pacte en dehors de ce qui constitue son essence, savoir : le lieu, l'époque, le mode et les conditions du remboursement. S'il avait été convenu qu'au lieu de dix, qui étaient donnés en *mutuum*, vous pourriez me réclamer vingt, votre action ne serait valable que pour dix, le pacte n'aurait eu aucun effet, c'est la disposition formelle de plusieurs lois : *si tibi decem dem et paciscar ut viginti mihi debeantur, non nascitur obligatio ultrà decem, re enim non potest obligatio contrahi, nisi quatenus datum sit* (2). Il faut en dire autant du pacte ajouté à un *mutuum*, dans le but de faire produire des intérêts, comme nous le disions tout à l'heure avec Cujas. Cela résulte, d'une manière évidente, de la nature de la *condictio certi*. — « Pour les contrats *verbis*, le pacte joint *incontinenti* se distingue bien nettement du contrat lui-même; le contrat est compris, en totalité, dans les paroles de l'interrogation et de la réponse, le pacte est en dehors de ces paroles (3). » L'action *ex stipulata* est, elle aussi, une *condictio certi* qui ne peut rien comprendre au delà de ce qui fait l'objet de l'interrogation et de la réponse. Tous les textes que l'on oppose doivent tomber devant cette considération. La L. 4, § 3, D. *de Pactis*, ne rentre point dans l'espèce qui nous occupe, car s'il s'agit d'un pacte adjoint à un contrat de droit strict, c'est un pacte favorable au débiteur, d'où l'on ne peut jamais faire résulter une action. Il faut faire la même observation pour la fameuse Loi 40. D. *de*

( ) *Prælect. in eo licem de Pactis*, n° 26.
(2) L. 17, in prin. D. de Pactis. — Add. L. 11, §1, D. de Rebus creditis.
(3) M. Ortolan, Explication historique des Instituts, 3 édit., t. II, p 250.

Rebus creditis, que M. Müllembruch caractérise ainsi ; *quæ quidem in damnatarum numero legum habetur* (1) ; de sorte que la célèbre réponse de Paul, dans l'auditoire de Papinien : *quia pacta incontinenti facta, stipulationi inesse creduntur* (réponse qui, du reste, avait été critiquée immédiatement), doit être restreinte à l'intérêt du débiteur. On ne peut l'étendre au créancier, qui ne saurait en faire jaillir une action plus étendue. Enfin, la L. 27, C. *de Pactis*, confirme notre argumentation, loin de l'ébranler ; car, d'après cette loi, ce ne sera pas le pacte adjoint qui donnera naissance à une action, mais la stipulation faite dans le but d'en assurer l'exécution : *petens ex stipulatione, quæ placiti servandi causâ secuta est*, c'est ce qu'ont bien fait remarquer Cujas *(loc. cit.)* et Perézius *(loc. cit.)* — Rien ne trouble donc la règle que nous avons énoncée, relativement aux obligations *verbis*, qui seules pouvaient faire naître des doutes. Or il est facile de voir, que les textes d'où semblaient s'élever ces doutes, doivent être entendus et restreints dans d'autres limites.

Quant aux contrats *litteris*, les principes sont les mêmes que pour les contrats *verbis*.

Quel est cependant l'effet de ces pactes adjoints à un contrat *stricti juris*, au moment de sa formation ? Doivent-ils être distingués des pactes nus, qui dans tous les cas ne produisent qu'une exception ? ou bien est-il pour eux un milieu, entre l'action du contrat, que confère le pacte adjoint à un contrat de bonne foi et l'exception ordinaire, que l'on peut tirer d'un pacte quelconque ? D'après la rigueur des principes, il semble que ce terme moyen est impossible et introuvable. Il paraît cependant que dans la troisième période de l'histoire du Droit romain les principes rigoureux durent fléchir pour donner accès à l'équité. — Comment ce progrès s'est-il accompli sans violer le droit antique, comme c'était l'habitude des jurisconsultes de Rome ? J'avoue qu'il m'a été impossible de le comprendre. Toutefois, il est certain qu'à cette époque les pactes adjoints *incontinenti* à un contrat de droit strict étaient utiles au débiteur et diminuaient *de plein*

(1) *Doctrina Pandectarum*, § 315, note 18.

droit son obligation ; c'est la disposition formelle de la L. 11, § 1 D. *de Rebus creditis,* pour le *mutuum. Si tibi dedero decem, ut novem debeas, Proculus ait et recté non amplius te ipso JURE debere quam novem.* — Relativement aux contrats *verbis,* la L. 4, § 3, D. *de Pactis,* s'exprime ainsi : *conditionem inesse stipulationi, atque si hoc expressum fuisset.* Il en est de même de la fameuse Loi 40, D. de *Rebus creditis.* Dans l'espèce de cette loi, il s'agit d'un pacte favorable au débiteur qui, d'après l'assertion de Paul, contestée d'ailleurs, devait être considéré comme faisant partie de la stipulation et diminuant de plein droit l'obligation.

Quelle que soit la raison juridique de ce progrès de l'équité sur le droit, il nous suffit, ne pouvant mieux faire, de le constater et de déterminer l'époque où il s'est produit ; c'est ce que la Loi 40, D. *de Rebus credit.* nous permet de faire d'une manière sûre.

Cette précision, que Cujas avait présentée avec beaucoup de soin (1), sert à faire ressortir le principe que nous avons exposé, à savoir : que les pactes adjoints à un contrat de droit strict n'ont jamais donné naissance à des actions. Elle sert en même temps à repousser toutes les objections prises des textes qui doivent s'entendre dans le sens que nous venons d'indiquer.

Si le pacte n'avait été adjoint à un contrat de droit strict que postérieurement à sa perfection, *ex intervallo,* il demeurait dans la classe des pactes nus et ne pouvait produire qu'une exception : il n'y a sur ce point doute pour personne ; tandis que les pactes adjoints *in continenti,* opéraient de plein droit *ipso jure,* sans qu'il fut nécessaire de faire insérer une exception dans la formule (2).

Avant de clore cette étude sur les effets juridiques des Pactes dans la Législation Romaine, et après avoir constaté les progrès successifs de l'équité sur la rigueur du droit, pour tous les cas les plus usuels, nous devons ajouter que sous Justinien on arriva à une assimilation presque complète (au point de vue pratique) entre les pactes et les contrats. Cela résulte, en

(1) *Recit. solemnes ad Leg.* 3, *Cod. de Pactis.*
(2) *Perezius. Prælect in Codicem. de Pactis,* n° 26.

effet, de la Constitution dont fait mention le § 12 aux Instit.
de Inutilib. stipul., en vertu de laquelle la stipulation devenait possible entre personnes absentes, en ce sens que l'écrit
dressé pour constater qu'une stipulation avait été faite entre
personnes présentes, faisait preuve parfaite jusqu'à ce qu'on
eût démontré que pendant tout le jour, l'une des parties se
trouvait dans un autre lieu. Par ce moyen, il est évident
qu'en fait, un pacte pouvait devenir un contrat et un contrat
stricti juris. La Constitution de Justinien avait voulu elle-
même ce résultat, car elle s'attachait à justifier l'absence de
certaines personnes : *cum satis utile est... et præsentes esse
personas adscribi, forté propter personas dignitate excel-
sas, vel mulieres quas naturalis pudor non omnibus per-
peram sese manifestare concedit, sancimus, etc...* (1).

Du reste, les Constitutions des empereurs Constance et
Constantin, pour la suppression des formules juridiques dans
tous les actes, et surtout celle de l'empereur Léon (2), spéciale à la suppression de ces formules dans les obligations
verbis, avaient singulièrement rapproché les stipulations des
simples pactes. — On est tout d'abord porté à faire résulter
de ces diverses décisions le progrès de l'équité sur le droit
formaliste et rigoureux. Cependant, en même temps que les
pactes se rapprochaient de la stipulation, celle-ci ne perdait
rien de son caractère juridique, elle donnait toujours naissance à des obligations de droit strict : c'était donc le domaine du droit rigoureux qui s'étendait. Il y a lieu vraiment
de s'étonner de ce résultat, car d'après les idées nouvelles
toutes les actions auraient dû être de bonne foi. — Comment
expliquer cette situation étrange? Pourquoi la stipulation
subsistait-elle encore avec son caractère rigoureux et avait-
elle attiré les pactes dans son domaine, par les facilités qui
lui furent successivement accordées? Pourquoi pouvait-elle
être encore employée, pour rendre plus strictes les obligations
naissant des contrats de bonne foi? Pourquoi, enfin, la rigueur du droit strict était-elle encore respectée, après qu'on
avait fait disparaître la rigueur des formules au nom de la

(1) L. 14, *Cod. de Contrah. et committend. stipul.*
(2) L. 4, *Cod. ibid.*

bonne foi et de l'équité? — C'est là un sujet d'études intéressantes et curieuses, qui ne rentrent pas dans les limites de mon travail, et pour lesquelles d'ailleurs je ne connais rien ni dans l'histoire, ni dans les monuments du Droit romain qui puisse fournir quelque lumière.

PROPOSITIONS ET QUESTIONS.

DROIT ROMAIN.

1° La donation de biens à venir, et de biens présents et à venir, n'était pas permise à Rome, même sous Justinien.

2° Les lois 61 D. de Pactis, 7. § 2. D. de Dist. Pign., 3 Cod. de Cond. ob causam., 7. Cod. de Alienis rebus non alien., peuvent être conciliées.

3° La société privée ne formait pas une personne morale.

4° L'interdit Salvien, postérieur à l'action Servienne, ne faisait pas double emploi avec elle.

DROIT CIVIL.

1° La femme a droit à la jouissance légale de l'article 384 (Cod. Nap.), dans le cas d'absence et d'interdiction du mari, comme dans celui de condamnation de ce dernier par application de l'art. 335 du Cod. Pénal.

2° Le droit de préférence est indépendant du droit de suite et peut lui survivre en principe, lorsque celui-ci est éteint.

3° La prohibition de vendre entre époux, de l'art. 1595, est une disposition de statut personnel.

4° La femme pourrait être admise à poursuivre la séparation de corps, parce que son mari entretient *publiquement* une concubine, même hors du domicile conjugal.

DROIT CRIMINEL.

1° La partie lésée, qui s'était portée partie civile, peut encore se pourvoir civilement, lorsque la chambre du conseil ou la chambre des mises en accusation, ont décidé qu'il n'y avait lieu à suivre.

2° L'action civile n'est soumise qu'à la prescription ordinaire du Code Napoléon, lorsque l'action publique a amené une condamnation.

8

DROIT ADMINISTRATIF.

1° Les particuliers qui ont à se plaindre d'une contravention de grande voirie, ne peuvent pas, à leur choix, porter leur plainte devant les tribunaux ou le conseil de préfecture, ils doivent s'adresser aux tribunaux.

2° L'autorité administrative n'est pas compétente à l'exclusion des tribunaux, pour reconnaître et constater la possibilité et la défensabilité des bois appartenant à des particuliers.

APPROUVÉ :

Le Doyen de la Faculté de Droit,

LAURENS.

VU ET APPROUVÉ :

Toulouse, le 8 juillet 1853.

Le Recteur de l'Académie,

A. VINCENS DE GOURGAS.

Cette Thèse sera soutenue le 20 juillet 1853.

TOULOUSE. — Imprimerie BAYRET et Cie, rue Peyras, 12.

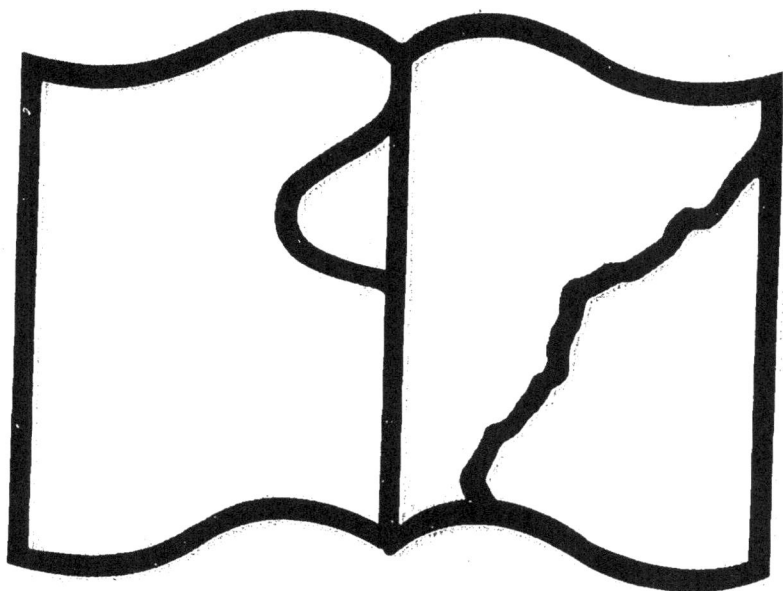

Texte détérioré — reliure défectueuse

NF Z 43-120-11

www.ingramcontent.com/pod-product-compliance
Lightning Source LLC
Chambersburg PA
CBHW071215200326
41519CB00018B/5540